AF548958

Joachim Brunold

DAS ALTE BERLIN

Ein Zeitreiseführer

Unter Nutzung der Führer
von Robert Springer (1861) und Friedrich Morin (1860)
neu zusammengestellt, überarbeitet und ergänzt

BeBra Verlag

INHALT

VORWORT

Dieser Zeitreiseführer will den heutigen Leserinnen und Lesern ein Bild Berlins im Jahr 1860 in all seinen Facetten vor Augen stellen. Das Bild einer Stadt, die von etwas mehr als 170.000 Einwohnern im Jahr 1800 auf mehr als eine halbe Million Einwohner im Jahr 1860 herangewachsen war. Die sich nach der napoleonischen Besetzung (1806 bis 1808) zuerst nur mühsam wieder erholte, 50 Jahre später jedoch ein kulturelles, wirtschaftliches und gesellschaftliches Zentrum des preußischen Staates war.

In seinen Darstellungen stützt sich der Autor auf zwei zeitgenössische Reiseführer: »Berlin und Potsdam im Jahr 1860. Ein Taschenbuch für Fremde und Einheimische« von Friedrich Morin, erschienen 1860 in Berlin, und »Berlin. Ein Führer durch die Stadt und ihre Umgebungen« von Robert Springer, erschienenen 1861 in Leipzig.

Allzu detailreiche Stellen, an denen die Reiseführer dem zeitgenössischen Interesse entsprechen, wurden der besseren Lesbarkeit wegen gekürzt oder weggelassen. Morin und Springer, als Kinder ihrer Zeit, behandelten manche Themen sehr kurz (etwa die Synagogen) oder überhaupt nicht, weil es zu damaliger Zeit in einem Reiseführer beispielsweise nicht an-

Panoramablick vom Dach der Friedrich-Werder'schen Kirche. Gemälde von Eduard Gaertner

gemessen gewesen wäre, etwa das »liederliche« Nachtleben mit seiner Prostitution zu behandeln. Auch ein Thema wie Geschlechtskrankheiten konnte nach damaligen moralischen Vorstellungen nicht angesprochen werden. Um aus heutiger Sicht dennoch ein Gesamtbild Berlins zu erzeugen, wurden diese Themen im Kapitel »Lasterhaftes Nachtleben« vom Autor ergänzt.

Damit dem heutigen Leser das Bild des damaligen Berlins in seiner Vielfalt vor Augen treten kann, wurden vom Autor vorhandene Kapitel ergänzt, etwa zur preußischen Armee und der Polizei sowie den Brauereien oder Weinhandlungen.

Nahezu neu erstellt wurden die Kapitel »Einrichtungen zum öffentlichen Nutzen« (Feuerwehr, Gaserleuchtungsanstalten, Wasserleitungsanstalt) und »Ein Tag auf den Straßen der Hauptstadt«.

Der Autor hofft, dass es ihm gelungen ist, mit seinem Zeitreiseführer dem heutigen Leser ein verständliches und unterhaltsames Bild von Berlin im Jahr 1860 zu präsentieren. Auf jeden Fall wünscht er allen Leserinnen und Lesern eine vergnügliche Lektüre.

Joachim Brunold

Im Anhang findet sich eine Erläuterung der alten Maßeinheiten und Währungen.

DIE ENTWICKLUNG BERLINS IN JÜNGSTER ZEIT

In die uns bekannte Geschichte treten Berlin, am nördlichen Ufer der Spree gelegen, und Kölln, am südlichen Ufer der Spree gelegen, im Jahr 1230. Durch ihre günstige Lage an der Spree und an einer Furt für mehrere Handelswege gelangten beide Städte schon vor Ende des 13. Jahrhunderts zu Bedeutung. Ihr weiteres Wachstum verdanken sie dem kräftigen Geist und dem Gewerbefleiß ihrer Bürger. Die Landesfürsten hielten nur selten hier ihr Hoflager. Auch Friedrich I., 1415 von Kaiser Sigismund zum Kurfürsten erkoren, ließ sich zwar in Berlin von den märkischen Ständen huldigen, hatte aber seinen gewöhnlichen Sitz zu Tangermünde. Wenn sie sich in Berlin aufhielten, stiegen die brandenburgischen Markgrafen seit Mitte des 13. Jahrhunderts im Hohen Haus in der Klosterstraße ab.

Nachdem er Berlin und Kölln erobert hatte, nahm Kurfürst Friedrich II., Eisenzahn genannt, ab 1448 seinen beständigen Aufenthalt in Kölln und bezog im Jahr 1451 das dort erbaute Schloss. Die Doppelstadt musste darauf ihren Status als Hansestadt aufgeben und ihre Bürger mussten, um die verminderte Handelstätigkeit auszugleichen, die Produktion von Luxuswaren für den Hofadel forcieren. So wurde die Doppelstadt zum politischen Zentrum der Mark Brandenburg.

Unter Joachims II. Regierung wurde Georg Buchholzer, ein Schüler Luthers, zum ersten evangelischen Propst in der Domkirche von Berlin berufen. Mit der Verbreitung des lutherischen Glaubensbekenntnisses in Brandenburg beauftragt, konnte er am 2. November 1539 den Rat und viele Bürger Berlins dahin bewegen, das Abendmahl nach dem lutherischen Glauben zu nehmen.

Im Dreißigjährigen Krieg litten Berlin und Kölln nicht weniger als die übrigen Städte der Mark, und es machte sich ein niedergedrückter Volksgeist breit. Dies war der Zustand, als Friedrich Wilhelm, der große Kurfürst und Begründer des preußischen Staates, 1640 zur Regierung gelangte. Vom Anfang seiner Regierung an zeigte er die lebendigste Sorge für die Hauptstadt. Das Schloss wurde ausgebessert, der Lustgarten verschönert, die Befestigung der Stadt beendigt. Zum Anbau neuer Stadtteile ermunterte der Kurfürst seine Beamten und alle bemittelten Bürger. Die schönsten und ältesten Häuser, die wir noch jetzt in der Stadt sehen, rühren fast alle aus dieser Zeit und waren Wohnungen der ausgezeichnetsten Staatsmänner. Im Jahr 1674 wurde der Anbau der Dorotheenstadt durch Dorothea, die zweite Gemahlin des Großen Kurfürsten, begonnen. Ihr ist auch die Anlage der Linden zu verdanken, wozu sie selbst den ersten Baum pflanzte.

Im Jahr 1662 wurde Neukölln angelegt und 1683 durch die Festungswerke miteingeschlossen, um den Verschanzungen auch von dieser Seite eine zweckmäßigere Gestalt zu geben. Gleiche Sorge wie auf die innere Ordnung wurde auch auf die Vergrößerung der Stadt verwandt, und beim Tode des Großen Kurfürsten war die Einwohnerzahl der Residenzstädte auf 20.000 gewachsen.

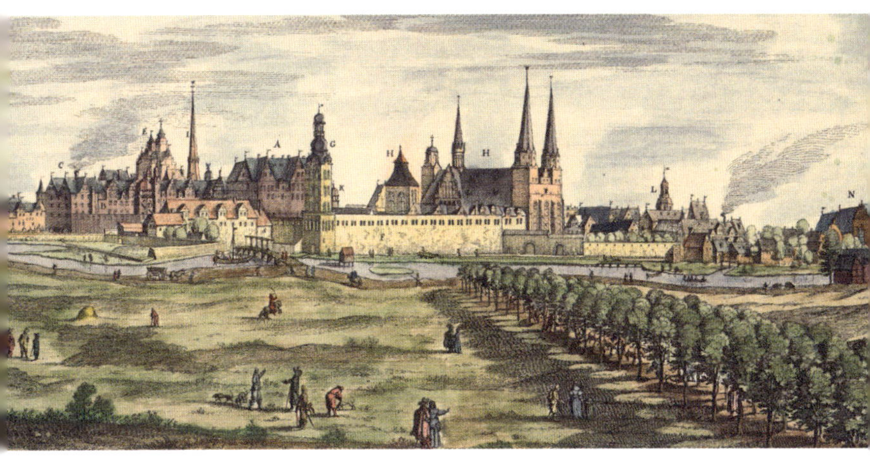

Blick auf die Kurfürstliche Residenzstadt Berlin und Cölln, 1652

Kurfürst Friedrich III., der nachmalige König Friedrich I., setzte das von seinem Vater angefangene Werk mit großem Eifer fort. Bei seinem königlichen Einzug in die Stadt im Jahr 1701 läuteten alle Glocken, und mehr als 200 Kanonen donnerten von den Wällen. Die Berliner, welche das Königspaar so feierlich begrüßten, ahnten, dass ein neuer Aufschwung für ihre Stadt bevorstand. Friedrich verschönerte die Stadt durch herrliche Gebäude und durch die Aufstellung der Reiterstatue des Großen Kurfürsten. Er legte ferner die Friedrichstadt nach einem regelmäßigen Plane an. Unter ihm erhielten die Berlinischen Städte 1709 gemeinschaftliche Verwaltung und gemeinsamen Rat. Zu den wichtigsten Anstalten, welche Friedrich gründete, gehört die Akademie der Wissenschaften. Königin Sophie Charlotte verschenkte mehrere Vorwerke und begründete auf diese Weise die Anlage der Spandauer Vorstadt.

Sein Nachfolger, Friedrich Wilhelm I., eine praktische Natur, beförderte Kunst und Wissenschaften nur, soweit sie nützlichen Zwecken dienten. Er verminderte die Zahl der Wirtshäuser, ebenso jene der Tee- und Kaffeeschänken. Doch wurde manches für die äußere Gestalt der Stadt getan. So ließ der König die Friedrichstadt ausbauen, wozu die eingewanderten Böhmen wesentlich beitrugen.

Friedrich der Große, der Preußen durch die Kraft seines Geistes eine wichtige Stelle im europäischen Staatensystem verschaffte und es zu gleicher Zeit zu einem Staate der Intelligenz erhob, fand neben seinen auswärtigen Angelegenheiten noch Zeit für die städtischen Verhältnisse. Der Freiherr von Knobelsdorff, der berühmteste Baumeister dieser Zeit, baute das Opernhaus, wodurch der Geschmack an trivialen Vergnügungen verdrängt werden sollte.

Auf dem Gendarmenmarkt ließ der König ein Schauspielhaus zwischen beiden Kirchen für die französischen Vorstellungen bauen. Eine andere wichtige Schöpfung Knobelsdorffs war die Anlage der Fasanerie im Tiergarten.

Die Zeit des Siebenjährigen Krieges (1756–1763), in welcher auch Berlin nicht von feindlichen Einfällen verschont blieb, unterbrach die Bauten. Dessen Folgen suchte Friedrich jedoch abzuhelfen, indem er für neue Unternehmungen nicht nur tüchtige Architekten, sondern auch Maler und Bildhauer nach Berlin zog, sodass Friedrich die Verhältnisse des Landes in guter Ordnung und den Staatsschatz reich gefüllt hinterließ.

Unter der Regierungsepoche Friedrich Wilhelms II. steigerte sich der Glanz Berlins in einem hohen Grade, doch war damit leider auch eine Lockerung der Sitten verbunden.

Napoleon zog 1806 durch das Brandenburger Tor ein. Gemälde von Charles Meynier

Außer dem Schützenplatze und dem Stralauer Fischzuge kamen noch Rosenfeste, Picknicke, Erntefeste, Stangenklettern und dergleichen Vergnügungen auf. Das Theater erhob sich zu bedeutender Höhe und wurde Nationaltheater unter Ifflands Leitung. Weber brachte die deutsche Oper empor, und der Kammermusiker Fasch stiftete, zusammen mit dem Professor Zelter, die Singakademie. Unter den Künstlern der Zeit ragt der Bildhauer Schadow hervor, der die Quadriga auf dem Brandenburger Tor schuf, Letzteres das Hauptwerk von Langhans, dem bedeutendsten Baumeister jener Zeit.

Friedrich Wilhelm III. übernahm den Staat in zerrütteter Form, welcher in dem Kriege mit Napoleon gänzlich zersprengt wurde. Nach den Schlachten bei Jena und Auerstedt hielt Napoleon selbst am 27. Oktober 1806 seinen Einzug in Berlin, und die Stadt wurde zwei Jahre von der französischen Armee besetzt. Der Kaiser benahm sich keineswegs wie ein

Der Boulevard Unter den Linden, hinten erhebt sich die Kuppel des Stadtschlosses. Gemälde von Eduard Gaertner

würdiger Herrscher, sondern schalt und schimpfte im Schlosshofe dermaßen, dass der Polizeipräsident Büsching erklärte, er habe in seinem Leben noch keinen so giftigen Mann gesehen. Durch die Besatzung wurde der Kredit der verarmten Einwohner Berlins immer mehr erschüttert, und die allgemeine Not ließ sich selbst durch die wohltätigen Einrichtungen einiger Menschenfreunde nur wenig mildern.

Zur Stärkung des Reststaates ermöglichte Friedrich Wilhelm III. Reformen, die in verschiedenen Gebieten von Karl Freiherr vom Stein, Karl August von Hardenberg, Gerhard von

Scharnhorst und Wilhelm von Humboldt getragen wurden. Letzterem verdankt die Stadt die Gründung der Berliner Universität im Jahr 1809, die im Jahr 1810 eingeweiht wurde.

Trotz großer Not schloss sich der König im Jahr 1813 nur zögerlich dem Aufruf zur Befreiung von Napoleon an. Doch im Bündnis mit Österreich, Russland und England gelang es, Napoleon niederzuringen. Zum Sieg trug die preußische Armee unter General Blücher bei Belle Alliance entscheidend bei. Nach dem Wiener Kongress 1815 sorgte der König für die Rückgewinnung der alten Gebiete und den Wiederaufstieg

Preußens. Die eingeleiteten Staatsreformen ließ er jedoch nicht alle fortsetzen und betrieb eine Restaurationspolitik im Sinne der Heiligen Allianz mit Russland und Österreich.

Nach dem Frieden wuchs die Stadt zu erstaunlichem Glanze: Ein neuer Stadtteil entstand und wurde nach König Friedrich Wilhelm benannt, neue Eisenbahnen wurden eröffnet, auf dem Köpenicker Felde erhob sich das Krankenhaus Bethanien, eine prächtig ausgestattete Anstalt der Heilkunde und der Frömmigkeit, ein neues Museum wurde gebaut, die Verzierung der Säulenhalle des alten Museums mit großem Fleiß betrieben und auf der Treppe desselben die berühmte Kiß'sche Amazonengruppe aufgestellt. Als in später Abendstunde des 18. August 1843 das Opernhaus abbrannte, wurde der Neubau mit ungeheurer Schnelligkeit vollzogen, dessen blendende Ausstattung zur Bewunderung nötigt. Und 1855 beschloss der Magistrat die Errichtung eines neuen repräsentativen Rathauses.

EIN ERSTER BLICK AUF BERLIN

Berlin, die schöne Hauptstadt des preußischen Staates, liegt unter dem 52° 3' 30" nördlicher Breite und 31° 2' 30" östlicher Länge, in der Nähe des geographischen Mittelpunkts der preußischen Monarchie und ziemlich in der Mitte Europas, nur etwa 41 Meilen näher an Moskau als an Lissabon, aber in fast gleicher Entfernung von Amsterdam, Kopenhagen, Königsberg, Krakau, München, Stuttgart, Warschau und Wien.

Die Stadt liegt in meist sandiger, ebener Gegend an beiden Ufern der Spree. Schon mancher Reisende, der von Potsdam her sich Berlin näherte, fragte den Kutscher: »Mein Gott! Werden wir hier in dieser tristen Ebene denn nicht bald die Hauptstadt erblicken?«

Obwohl in den beiden letzten Jahrzehnten die Landschaft um Berlin schöner gestaltet wurde, bieten einige Gegenden, besonders im Norden und vor allem im Spätsommer, noch immer den Anblick einer Steppe, unterbrochen durch den einen oder anderen sumpfigen Bereich.

Hier herrschen Temperaturen von mehr als 30 Grad im Sommer und oft 25 Grad unter null im Winter. Und mancher Eisenbahnreisende berichtet von sandigen Staubwolken, die hier den Zug begleiten und den traurigen Blick auf die öde Landschaft verhüllen.

Das Berliner Schloss, gegenüber das Reiterstandbild des Großen Kurfürsten

Berlin wuchs von etwa 170.000 auf heute nahe an 500.000 Einwohner und wird somit in Bezug auf die Einwohnerzahl in Europa nur noch von London, Paris und Konstantinopel übertroffen. Dieser starke Zuwachs erklärt sich sowohl durch die hohe Geburtenrate, eine Berliner Mutter bringt durchschnittlich 5 Kinder zur Welt, wie durch die gesunkene Sterberate. Im vergangenen Jahr wurden 23.301 Kinder geboren, und es starben nur 17.602 Personen. Getraut wurden 6562 Paare. Die Zahl der angemeldeten Fremden betrug 133.142 Personen. Für 29.540 Handwerksgesellen sind Arbeitsbücher ausgestellt, an Gesindebüchern gibt es 9478. Bedeutender noch wirken die Zuzüge von außen auf die Steigerung der Berliner Bevölkerung. Diese bestehen teils aus Wohlhabenden, teils aus Personen der Landbevölkerung, die bevorzugt aus den östlichen Gebieten Preußens stammen und in Berlin nach einer neuen Existenz suchen, teils aus Soldaten, welche nach ihrer Dienst-

Schlossbrücke, im Hintergrund Schloss und Bauakademie. Gemälde von Eduard Gaertner

zeit die Bevölkerung der arbeitenden Klasse vermehren, teils endlich aus Abenteurern und Liederlichen jeder Art.

Auf einer Fläche von 6017 Morgen zählt die Stadt 11.400 Grundstücke, 352 Straßen, 40 Plätze und ebenso viele Brücken. Die fünf inneren Stadtbereiche, die ehemaligen Residenzstädte, werden von der 1737 errichteten und 2169 rheinländische Ruten langen Stadtmauer begrenzt, die jedoch schon längst durch fünf Vorstädte überwunden ist, welche auf die engere Begrenzung keine Rücksicht nehmen.

Zu den Innenstädten werden gerechnet: Berlin, Kölln mit Neukölln am Wasser, der Friedrichswerder, die Dorotheenstadt und die Friedrichstadt.

Zu den berlinischen Vorstädten zählen: die Königsvorstadt, die Spandauer Vorstadt, die Friedrich-Wilhelm-Stadt, die Stralauer Vorstadt und die Luisenstadt (früher Köpenick'sche Vorstadt).

Den vorteilhaftesten Blick auf die Stadt bietet der Kreuzberg auf der südwestlichen Seite Berlins. Mancher Besucher hat sich bei der Annäherung an Borussiens Hauptstadt zu der kritischen Äußerung hinreißen lassen, dass sie glaubten, sich einem Dorfe zu nähern. Der heutige Reisende aber überzeuge sich selbst, dass Berlin, von diesem erhabenen Standpunkte aus erschaut, sich heute sehr vorteilhaft präsentiert.

Man sieht über Hügel und Felder hinweg nach der fernen Stadt, die sich in ihrer ganzen Front und imposanten Größe ausdehnt. Trotz der doch nicht unerheblichen Entfernung sind bei gutem Wetter die zahlreichen Kirchen, vorzugsweise die Marienkirche, die Nikolaikirche, die Werder'sche Kirche, die beiden Gendarmentürme und die Petrikirche zu erkennen. Von den übrigen Gebäuden heben sich namentlich das Opernhaus und das Schauspielhaus heraus. Stolz, wenngleich ohne Zinnen, erhebt sich das kgl. Schloss mit seiner Kuppel aus dem Mittelpunkt Berlins.

Außer diesen Prachtbauten erblickt man auch die Schornsteine der Fabriken, die kuppelförmigen Gebäude der Gasanstalten, welche von dem modernen Verkehr Zeugnis ablegen, und vor unseren Augen werden die Felder von schnell dahineilenden Lokomotiven durchzogen. Welch ein Unterschied zwischen heute und jener Zeit, derer wir uns noch erinnern, wo wir zu einer Fahrt nach Potsdam vier bis fünf Stunden nötig hatten.

Auf dem fast 200 Fuß über dem Meer liegenden Gipfel des Kreuzbergs erhebt sich das eiserne Nationaldenkmal, welches Friedrich Wilhelm III. von 1818 bis 1821 zum Andenken an die Befreiung Preußens von der napoleonischen Herrschaft 1815 errichten ließ. Nach Schinkels Entwürfen in Guss aus-

Blick vom Kreuzberg mit dem Nationaldenkmal auf Berlin. Gemälde von Johann Heinrich Hintze

geführt, erhebt sich die in gotischem Stil gehaltene Spitzsäule mit Kreuz 64 Fuß hoch und ist umgeben von 12 Bildsäulen.

Auf der Südseite, wo sich früher das Vergnügungslokal Tivoli mit seiner Rutschbahn befand, ist jetzt eine großartige Aktienbrauerei für baierisches Bier angelegt.

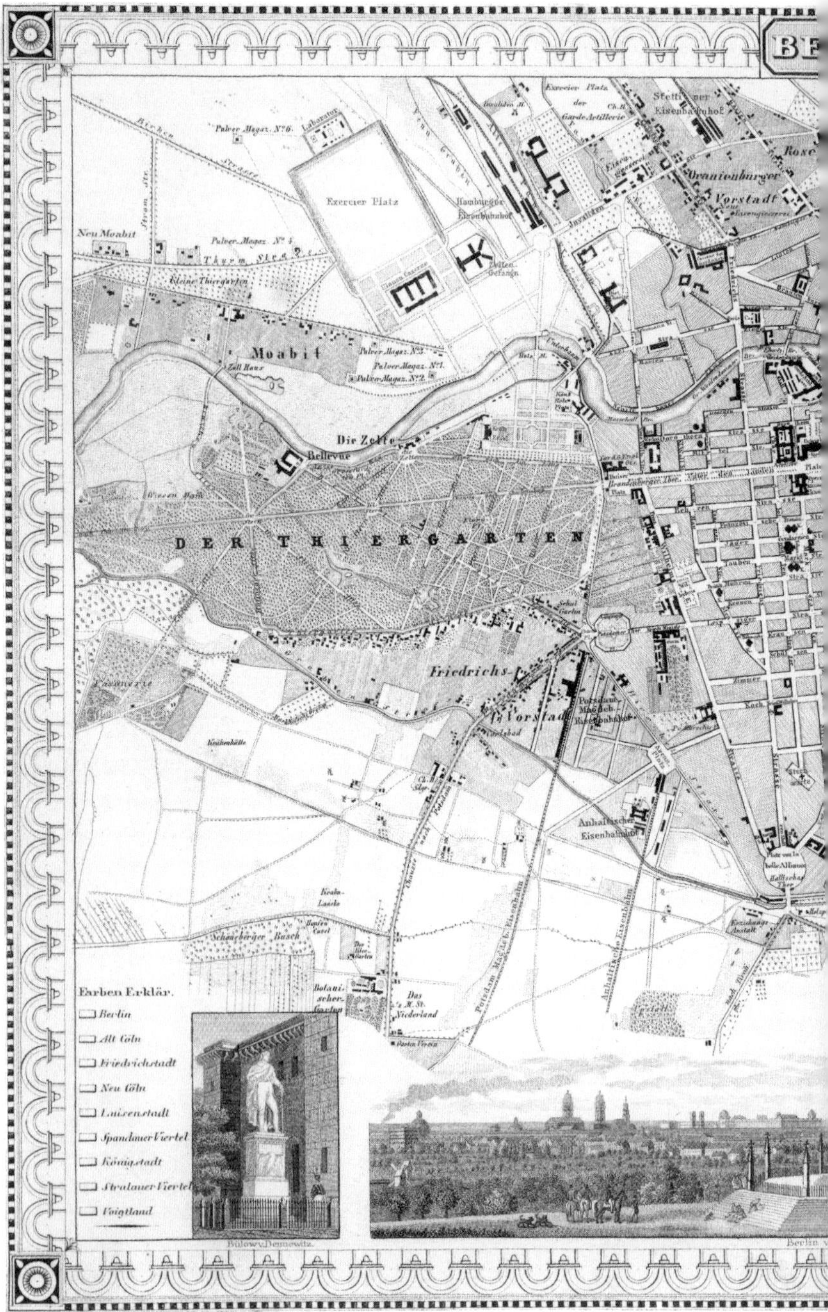

Berlin-Plan aus dem Jahr 1869

BERLIN und Umgegend.
Maasstab
Zur grünen Tanne
Neue Welt
Schlösschen
Frankfurter Eisenbahnhof
Frankfurter Eisenbahn
DIE SPREE
Cöpnicker - Feld
Gasbeleuchtungs Anstalten
Stralauer Th.
Meierei
Ochsenkopf
Gasthöfe u Hotels ersten Ranges.
Die Stadt Rom. Linden No. 39.
König v. Portugal. Burgstrasse No. 12.
König v. Preussen. Brüderst. No. 39.
Kronprinz v. Preussen. Königst. No. 47.
Goldener Adler. Jerusalemer Str. No. 36.
Hotel de Russie. Niederlagstr. No. 1.
Hotel de Brandenbrg. Charlottenst. No. 42.
Hotel de Prusse. Leipziger St. No. 32.
Hotel de Saxe. Burgst. No. 20.
Grossfürst Alexander. Friedrichst. No. 55.
Eichbaum. Heilige Geistst. N. 22.
Goldner Engel. Heilige Geistst. N. 18.
v. Scharnhorst.

EIN GANG UM DIE AKZISEMAUER

Dem Reisenden, der sich einen Begriff von der Größe Berlins machen will, sei ein Rundgang um die Akzisemauer empfohlen, mit ihren 19 Stadttoren, werden die Wassertore mitgezählt. Die Mauer selbst bietet nichts Außerordentliches, und die verschiedenen Tore Berlins haben nichts Übereinstimmendes als den Beamten, der im grünen Rock mit blauem Kragen die Schlacht und Mahlsteuer einnimmt und wütend mit seinem Spieß auf die Säcke losstícht, wie Hamlet auf den alten Polonius.

Wir beginnen den Rundgang am östlichen Saume des Tiergartens, am mit dorischen Säulen versehenen **Brandenburger Tor**, das im Jahr 1793 durch den genialen Baumeister Langhans vollendet wurde. Der Hauptteil des Tores besteht aus einer Reihe von zwölf großen korinthischen Säulen aus Sandstein, von denen eine Hälfte gegen die Stadt, die andere gegen den Tiergarten gestellt ist. Zwischen diesen Säulen befinden sich fünf Durchgänge. Architrav, Fries und Hauptgesims ruhen in gerader Linie auf den Säulen. Auf dem Frontispiz steht eine Quadriga in antiker Form, darin die Siegesgöttin mit dem Zeichen des Sieges, von Schadow modelliert, von den Gebrüdern Wohler in Potsdam in Holz gearbeitet und dann von dem Kupferschmied Jury in Potsdam in Kupfer ausgetrieben. Die Zierde

Das Brandenburger Tor und der Pariser Platz. Gemälde von Eduard Lütke

der Deckenstücke zwischen der Durchfahrt bilden allegorische Gemälde von Rode, die Basreliefs an den Seitenwänden der Durchfahrt sind von mehreren Berliner und Potsdamer Bildhauern gearbeitet und stellen die Taten des Herkules vor. An den Hauptteil des Tores stoßen zwei Seitenflügel mit dorischen Säulen, die sich rechtwinkelig an die nächsten Häuser des Platzes anschließen. Dieses Tor gehört zu den schönsten Kunstzierden Berlins und wird als das schönste in ganz Europa betrachtet, und es versetzt den eintretenden Fremden dermaßen in klassische Illusionen, dass er den nächsten Begegnenden in griechischer Sprache nach der besten bairischen Bierhalle fragen möchte. Aber wir treten nicht durch die Propyläen ein, sondern wandern im Tiergarten weiter bis zur **Unterbaumbrücke**, welche über die Spree in den schönen neuen Stadtteil führt, die Friedrich-Wilhelm-Stadt, die sich zwischen dem Strom und der Heilanstalt Charité ausbreitet.

Nicht weit davon führt das **Neue Tor** aus der Luisenstraße zur kgl. Eisengießerei und in die Gegend des Invalidenhauses. Es bringt uns auch zu den Moabiter Industriestätten und zum Hamburger Bahnhof, über den uns die echten Lords aus London und die unechten aus den Hamburger Fleeten, die Austern, die Hummer und alle Delikatessen, die am Jungfernstiege heimisch sind, erreichen. Aus diesem Tor hinaus gehen die Auswanderer und zur nächtlichen Stunde Ausreißer, Schwindler und Bankrotteure, die manchmal schon in Wittenberge abgefasst werden.

Von dort gelangen wir zu dem **Oranienburger Tor**, von dem wir stadteinwärts die beiden mächtigen Häuserreihen der längsten Straße unseres Weltteils erblicken: die große Friedrichstraße.

Den Blick stadtauswärts gerichtet, erblicken wir das Feuerland der Industrie, welche die unzähligen Obelisken erbaut hat, die die Luft mit Kohlenqualm schwängern. Hier riecht man überall Ruß und Eisen und hört das Pochen der Maschinen und den Schlag der Schmiedehämmer.

Ohne große Abwechslung kommen wir zum **Hamburger Tor**, vor dem sich ärmliche Arbeiterquartiere ausbreiten, das Gebiet der Familienhäuser, der zerrissenen Jacken und schiefgetretenen Stiefel.

Und weiter zum **Rosenthaler Tor**, von welchem sich ein Ausflug nach dem Gesundbrunnen mit seiner Quelle und dem viel besuchten Vergnügungslokal dort anbietet. Vor dem **Schönhauser Tor** liegen die unzähligen Brauereien und Biergärten, wo der Berliner seine Bairische an der Quelle trinkt. Hier befindet sich auch Berlins Sankt Gotthard, der Windmühlenberg, wo die neue Wasserleitung entspringt, die einen

Die Borsigwerke in der Chausseestraße. Gemälde von Eduard Biermann

frischen Lebensstrom durch die welken Rinnsteinadern der Stadt führt.

Nach dem Passieren des **Prenzlauer Tores** erreichen wir das **Neue Königstor**. Letzteres hieß bis zum Jahr 1701 das St. Georgentor und die heutige Königstraße die Georgenstraße. Nachdem Friedrich III. und seine Gemahlin Sophie Charlotte von ihrer Krönung in Königsberg durch dieses Tor zurückgekehrt waren, befahl der König, das Tor, die Brücke und die Straße, über welche er seinen Einzug gehalten, in Königstor, Königsbrücke und Königstraße umzubenennen.

Das **Landsberger** und das **Frankfurter Tor**, die Eingangspunkte von dem östlichen Teil der Monarchie, sind außerordentlich belebt. In der Gegend vor diesen Toren finden wir weniger Menschen als jene Viehherden, die dem Magen Berlins zum Opfer fallen müssen. In der Gegend des Frankfurter

Wasserreservoir auf dem Windmühlenberg vor dem Schönhauser Tor. Aquarell von W. Knoll nach Zeichnung von Th. Dettmers

Tores wiederum gehören weiße Backwaren und reine Wäsche zu den Luxusartikeln, und wie jener Held Shakespeares ein Königreich für ein Pferd bot, so könnte man hier vergebens ein Pferd für eine Havannazigarre bieten.

Der **Oberbaum** ist die Brücke, welche das auf dem rechten Ufer der Spree gelegene **Stralauer Tor** von dem links gelegenen **Schlesischen Tor** trennt.

Von hier führen die Straßen nach den Lustörtern Stralau und Treptow, wo der Lebensstrom Berlins noch ungetrübt einherflutet und lange Spreekähne wie kolossale Plätteisen über die bescheidenen Falten des Spreespiegels gleiten. Hier wohnen die Liebhaber von Segelfahrten und Schwimmpartien und diejenigen Leute, die sich für die preußische Marine vorbereiten, indem sie goldgeränderte Mützen tragen, viel Salziges essen und Seeromane von James Fenimore Cooper lesen.

Darauf folgen das **Kottbusser**, das **Wasser**- und das **Hallesche Tor**. Unter diesen ist das Wassertor besonders bemerkenswert durch die Eisenbahnbrücke, die von einem einzigen Menschen in Bewegung gesetzt werden kann. Südlich der Spree und zwischen diesen Toren breitet sich die Luisenstadt aus, die ihre westliche Begrenzung in der außerhalb der Mauer gelegenen Gasbereitungsanstalt findet. Das noch ziemlich unbebaute Gebiet an diesen Toren ist bis jetzt noch von frischer Luft durchweht, frei von allen städtischen Miasmen, und übt eine stärkende Wirkung auf die siechen Menschen, die in Bethanien unter der pflegenden Hand der Schwestern genesen wollen. Die vorhandene Bebauung jedoch zeugt davon, dass hier einer der schönsten Stadtteile Berlins im Entstehen begriffen ist.

Der von Peter Joseph Lenné geplante **Landwehrkanal** erreicht die Stadtmauer am **Halleschen Tor**, dem Südpol Berlins. Der von ihm begrenzte Stadtteil ist voll kleinbürgerlichen Lebens, dessen Straßenleben sich beschränkt auf die lärmende Janitscharenmusik der Truppen und auf das dumpfe Rollen der Leichenwagen. Die schätzbarsten Einwanderer, welche durch dieses Tor gelangen, sind die Teltower Rüben.

Längs des Landwehrkanals zieht sich eine herrliche Promenade, welche durch die Anhaltische und Potsdam–Magdeburgische Eisenbahn durchschnitten wird und im weiteren Verlauf die Chaussee nach Charlottenburg erreicht. Folgen wir dieser Promenade, so gelangen wir zum **Anhaltischen Tor**, das nach der Vorstadt der höheren Geheimräte führt, wo die Häuser wie Aktenkisten aussehen und die weißen Fenstergardinen an die steifen Vatermörder der Kanzleiräte erinnern.

Schließlich erreichen wir das geschmackvolle **Potsdamer Tor** mit seinen im dorischen Stil von Schinkel errich-

Das Potsdamer Tor im Jahr 1824; die Gittertore sind heute nicht mehr zu sehen.

teten Torhäusern. Dieses Tor bildet die Grenze zwischen der Aristokratie und der reichen Bourgeoisie und wird durch den angrenzenden Tiergarten und die Potsdamer Eisenbahn zur Hauptpforte für das Vergnügen und den Reiseverkehr.

Unsere letzte Etappe führt uns durch die Schulgartenstraße an schönen Häusern vorüber nach dem berühmten, von Langhans errichteten **Brandenburger Tor**, von wo wir ausgegangen sind. Hier stehen in langer Reihe die Torwagen, welche den Fahrgast nach Charlottenburg und Spandau bringen.

DIE EINTEILUNG DER STADT

Im 17. Jahrhundert reihten sich an Berlin und Kölln nacheinander der Friedrichswerder, die Dorotheen- oder Neustadt und die Friedrichstadt. An Vorstädten entstanden etwas später die Spandauer, die Königs-, die Stralauer und die Luisenvorstadt sowie die Friedrich-Wilhelm-Stadt. Sämtliche dieser Vorstädte sind seit 1737 in den Kreis der Stadtmauer gezogen.

Das rasche Wachstum der Stadt hat seit 1800 vor der Stadtmauer die Rosenthaler Vorstadt mit dem Vogtland, die Oranienburger Vorstadt oder Wedding und die Potsdamer Vorstadt entstehen lassen.

Behufs der Verwaltung ist die Stadt in 12 Stadtviertel und 121 Stadtbezirke eingeteilt.

Das **alte Berlin** liegt zwischen der Spree und dem Königsgraben und steht mit Alt-Kölln durch den Mühlendamm, die Lange, die Kavalier- und die Friedrichsbrücke in Verbindung. Im alten Berlin ist der Sitz des Gewerbebetriebs, und man findet unter den wichtigsten Gebäuden die kgl. Mühlen, die Gebäude der städtischen Verwaltung, die Post, das Stadtgericht, die Polizei, das Lagerhaus und das älteste Gymnasium. Die Hauptplätze sind der Molkenmarkt und der Neue Markt. Die wichtigste Straße ist die Königstraße. Hier herrscht zu jeder Stunde des Tages und Abends das geschäftigste Treiben und

Blick auf die Kurfürstenbrücke vom Mühlendamm aus. Gemälde von Johann Heinrich Hintze

Drängen. Die Läden dieses Stadtteils zeigen weniger Pracht und äußeren Schimmer als die in der jüngeren Friedrichstadt, stehen aber jenen in ihrem Warenangebot nicht nach. In dem verworrenen Treiben des Straßenlebens steht noch immer ruhevoll, wie ein Fels im Wogengebrause, das altersgraue Rathaus mit seinen aktenstaubigen Hallen. Als Sammelplatz der die Börse beherrschenden Intelligenz gilt Courtins Conditorei, Königstraße 61.

Von Alt-Berlin aus nach Osten, über die Stralauer Brücke, wird das **Stralauer Viertel** erreicht, welches sich längs der Spree hinzieht. Dieser Stadtteil ist reich an Fabriken und enthält das Nikolaus-Hospital und den Niederschlesisch-Märkischen Bahnhof.

Und nach Norden, vorbei an den Königskolonnaden und über die Königsbrücke, geht es in die **Königstadt**, welche sich jenseits des Alexanderplatzes bis nach dem neuen Königs-, Landsberger und Prenzlauer Tor erstreckt. Vor dem letzteren Tor befindet sich der 1848 angelegte Friedrichshain. In diesem Stadtteile kommt das überstopfte Straßenleben zu größerer Ruhe.

Die von dem genannten Platze nach dem Tore laufenden Straßen zeigen den kleineren Gewerbestand, zahlreiche Ausspannungen für Fracht- und Bauernwagen, Speditionshöfe und Stallungen für Schlachtvieh.

Alt-Kölln enthält den Schlossplatz mit der Stechbahn und den ganzen Stadtteil, welcher sich von hier bis nach dem Köllnischen Fischmarkt und Petriplatz erstreckt. Den anziehendsten Punkt bildet das alte Königsschloss, dessen Erker und Giebel noch aus der Kurfürstenzeit herrühren; die prächtigen Portale erbaute Schlüter, den Triumphbogen Eosander, nur die gedrungene Kuppel der Kapelle ist neuesten Ursprungs.

Auf der Nordseite wird es vom Lustgarten, der mit Rasengrün, Akazien und einer Fontäne geschmückt ist, begrenzt. Im Hintergrunde erblickt man die köstliche Front des von Schinkel errichteten kgl. Museums, durch dessen griechische Säulenhalle Freskogemälde hervorstrahlen. Vor dem Museum spielt die heranwachsende Generation unter der Aufsicht der Kindermädchen.

Auf der Südseite grenzt das Schloss an den geräumigen Schlossplatz, auf welchem früher die fürstlichen Turniere und Ringelrennen abgehalten wurden. Heute marschieren hier die königlichen Garden, und die Karossen, mit vier und sechs Pferden bespannt, rasseln über den Platz zu den Banketten des Hofes. An dieser Stätte erscheinen auch zu gewissen Zeiten die Budenreihen des Weihnachtsmarkts.

Der Lustgarten mit dem Alten Museum und der Domkirche. Lithographie von L.E. Lütke

Die schönsten Straßen dieses alten Stadtteils sind die Breite und die Brüderstraße. Lange war der Petriplatz ein beliebter Tummelplatz der Berliner Straßenjugend gewesen, bis 1853 die Petrikirche mit ihrem hohen Turm neu erbaut wurde.

Über die Grünstraßen-, Roßstraßen- und Inselbrücke ist der schnelle Übergang in die **Luisenstadt** mit dem Köpenicker Felde möglich. Letztere, erst in neuerer Zeit und nur teilweise bebaut, enthält an bemerkenswerten Straßen die Kommandanten-, Oranien-, Alexandrinen- und Ritterstraße. Der Verbindungskanal des Landwehrgrabens ist mitten durch das Feld geleitet. Als Knotenpunkt zu einem künftigen regen Leben finden wir hier die Heilanstalt Bethanien, die Michaelis- und die Lutheranerkirche. Längs der Spree dehnen sich militärische Niederlagshäuser und in der Köpenicker Straße zahlreiche Fabriken bis zum Schlesischen Tore aus. Im Osten, unweit der

Die 1856 fertiggestellte Sankt-Michael-Kirche

Stadtmauer, treffen wir die Gardeschützen- und Pionierkaserne, die Pfuel'sche Schwimmanstalt und das Maaß'sche Wellenbad an.

An die Königsstadt reiht sich nach Norden hin das **Spandauer Viertel**, welches mit den übrigen Stadtteilen durch die Spandauer, Herkules-, Eberts-, Weidendammer und Marschallbrücke in Verbindung steht. Die wichtigsten Verkehrswege, die Schönhauser und Rosenthaler Straße, vereinigen sich auf dem Hacke'schen Markt.

Von hier führt die Oranienburger Straße längs dem Monbijou-Garten in die **Friedrich-Wilhelm-Stadt**, deren schönste Straßen die Luisen- und die Karlstraße, die wichtigsten Gebäude die Charité, die Tierarzneischule und einige Kasernen sind. Die Luisenstraße ist von vielen höheren Offizieren bewohnt, da sich die Gardekasernen in der Nähe befinden. In

Panoramablick auf die Straße Unter den Linden. Kupferstich von Carl Pescheck nach einem Gemälde Johann Carl Enslen

den übrigen Straßen wohnen häufig Studenten, meist Jünger des Äskulap, und man nennt diesen Stadtteil auch deswegen das Berliner Quartier Latin. Der wichtigste Vergnügungsort ist hier das Deichmann'sche Etablissement. In der Nähe befinden sich das Invalidenhaus, das Zellengefängnis und die Ulanenkaserne.

Östlich davon erstreckt sich die **Rosenthaler Vorstadt** über einen großen Flächenraum vom Rosenthaler bis zum Hamburger und Oranienburger Tor. Die Erbauung dieser Vorstadt begann im Jahr 1752, als Friedrich II. den aus Sachsen und dem Vogtlande hergekommenen Maurern und Zimmerleuten dort Wohnungen und Heideland anwies; seit damals heißt dieser Bezirk »das Vogtland«. In neuerer Zeit ist hier eine Chaussee angelegt sowie schöne, geebnete Straßen und neue Häuser. Die ganze Vorstadt hat ein reinliches und gefälliges Ansehen,

das Proletariat, welches früher allein diesen Stadtteil bewohnt hatte, ist kräftig, regsam und wohlhabend geworden, seitdem in der Chausseestraße vor diesen Toren die bedeutendsten Maschinenbauwerkstätten angelegt worden sind.

Innerhalb der Stadt grenzt zunächst an die Friedrich-Wilhelm-Stadt die **Dorotheen- oder Neustadt**, welche westlich von der Stadtmauer begrenzt wird, durch das Brandenburger Tor mit dem Tiergarten in Verbindung steht und sich zwischen der Spree und der Behrenstraße längs dem Kupfer- und Operngraben hinzieht. Dieser schönste Stadtteil Berlins, gegründet von der Kurfürstin Dorothea, enthält an prächtigen Gebäuden die Universität, das Palais des Prinzregenten, die kgl. Bibliothek, die Hedwigskirche, das Opernhaus und die Königswache, an Plätzen den Pariser Platz und den Opernplatz. Außerdem bietet sich hier die schönste Perspektive Berlins, die Linden-Promenade, diese glänzende Prachtstraße mit dem imposanten Anblick einer doppelten Reihe architektonischer Meisterwerke. Bei Tage oder bei Abend, wenn die Gasflammen tausendfältig schimmern, herrscht hier das Leben des Luxus vor, und das geschäftliche Treiben tritt in den Hintergrund. Dieser Boulevard erstreckt sich in gerader Richtung vom Pariser Platz, vorbei am Platz am Opernhaus bis zum Platz vor dem Zeughaus, von wo es über die Schlossbrücke zum Lustgarten geht.

Der **Friedrichswerder** wird zusammen mit Neukölln am Wasser von dem aus der Spree geleiteten Festungsgraben inselartig umgeben. Die Verbindung mit Alt-Kölln ist hergestellt durch die Gertrauden-, Jungfern-, Schleusen-, Schloss- und Eiserne Brücke, mit der Friedrichstadt durch die Jäger-, Mohren-, Schinken- und Spittelbrücke.

Die wichtigsten Gebäude in diesem Stadtteile sind das Zeughaus und das Palais des Prinzen Friedrich Wilhelm, die bemerkenswertesten Plätze der Hausvogteiplatz, der Platz an der Bauakademie und der Zeughausplatz. Auf dem Werder'schen Markt befindet sich das Münzgebäude, und neben der verjüngten Notre Dame, der Werder'schen Kirche, erhebt sich Gersons Modetempel mit seinen verführerischen Schätzen von Kaschmir, Seide und Sammet.

Als Verbindungsweg mit dem Lustgarten dient die schöne Schlossbrücke, mit acht Marmorgruppen geschmückt, welche die Laufbahn des Kriegers verherrlichend darstellen.

Das südwestlichste Stadtviertel, die **Friedrichstadt**, grenzt gegen Osten an den Friedrichswerder, an Neukölln und an die Luisenstadt, östlich an die Dorotheenstadt, südlich und westlich an die Stadtmauer. Dieser Stadtteil hat schöne, breite, geregelte, sich rechtwinklig schneidende Straßen, unter

Blick von der Friedrich-Werder'schen Kirche auf das Friedrichsforum. Gemälde von Eduard Gaertner

denen die Friedrichstraße, welche schnurgerade zum Belle-Alliance-Platz führt, als der Mittelnerv der Friedrichstadt zu betrachten ist. Als Herz dieses Gebiets ist der Gendarmenmarkt anzusehen, der sich mit Schauspielhaus und den Zwillingstürmen der Französischen und der Neuen Kirche schmückt. Die Wilhelmstraße ist der Sitz mehrerer Ministerien und Gesandtschaften. In der Lindenstraße befinden sich das Kammergericht und die Sternwarte, in der Leipziger Straße das Kriegsministerium und das Herrenhaus. Außerdem sind bemerkenswert: der Dönhoffplatz mit dem Abgeordnetenhaus, der Wilhelmsplatz mit dem Palais des Prinzen Karl und der Leipziger Platz mit dem des Prinzen Adalbert.

WICHTIGE HINWEISE FÜR DEN REISENDEN

Passwesen

Bei der Ankunft in Berlin, sei es am Bahnhof, am Stadttor oder im Postgebäude, hat jeder Reisende seinen Pass und seine Legitimationspapiere dem dort befindlichen Polizeibeamten vorzulegen. Auch müssen an den Stadttoren die etwaigen Vorräte an Mehl, Reis, Gries usw. versteuert werden.

Gedenkt ein Reisender länger als 24 Stunden in der Stadt zu bleiben, hat er binnen 4 Stunden nach Ankunft in seinem Hôtel oder seiner Privatwohnung seinen Pass und die Legitimationspapiere nebst einer schriftlichen Meldung (Name, Stand, genaue Angabe des Wohnorts, in welcher Provinz wohnhaft, Absteigequartier und Dauer des Aufenthalts) an den Polizeileutnant des für seine Unterkunft zuständigen Reviers zu befördern. Seine Papiere bleiben bis zu seiner Abreise dort in Gewahrsam. Er erhält dafür eine Aufenthaltskarte gegen 10 Silbergroschen (Sgr.), welche stets bei sich zu führen ratsam ist.

Diese Passangelegenheiten können auch vom Gastwirt oder einem Lohndiener besorgt werden, dem dafür etwa 5 Sgr. zu entrichten sind. Für die Klärung strittiger Fälle empfehlen sich folgende Adressen:

- das Königliche Polizei-Präsidium am Molkenmarkt 1, im Stadtvogtei-Gebäude;

- das Polizei-, Fremden- und Pass-Bureau nebst Einwohner-Melde-Amt in der Poststraße 16 (geöffnet von 10–12, sonntags von 11–1 Uhr);
- das Pass-Büro des Ministeriums des Innern, U. d. Linden 73 (geöffnet von 10–2 Uhr, sonntags von 11–1 Uhr);
- das Ministerium der auswärtigen Angelegenheiten, Wilhelmstraße 61.

Bahnhöfe und Eisenbahn

In Berlin, dem Mittelpunkt des nahe 6000 km langen Schienennetzes Preußens, münden fünf Eisenbahnlinien in fünf zum Teil sehr schön gestalteten Bahnhöfen:

- der Anhaltische Bahnhof vor dem Anhaltischen Tor: nach Leipzig, Dresden, Prag, Wien usw.;
- der Potsdamer Bahnhof, vor dem Potsdamer Tor: nach Potsdam, Magdeburg, Hannover, Köln usw.;
- der Stettiner Bahnhof, Invalidenstraße 27 bis 30: nach Neustadt, Eberswalde, Stettin, Posen und Königsberg;
- der Frankfurter Bahnhof der Niederschlesisch-Märkischen Bahn, Breslauer Straße: nach Frankfurt a. O., Görlitz, Posen usw.;
- der Hamburger Bahnhof, vor dem Neuen Tor: nach Hamburg, Mecklenburg, Schleswig-Holstein usw.

Bei Ausflügen mit der Eisenbahn ist es gut, sich mit der Passkarte zu versehen. Für nicht zu lange Strecken ist gegen die Nutzung der dritten Klasse nichts einzuwenden, da die Wagen durchaus nicht schlecht eingerichtet sind. In den Wagen der ersten und zweiten Klasse darf nur in besonderen Coupés geraucht werden.

Der 1838 eröffnete Potsdamer Bahnhof. Farblithographie

Wir haben davon abgesehen, die Fahrzeit für alle Verbindungen hier anzugeben, da die Abfahrtszeiten oft geändert werden und eine unrichtige Angabe schlimmer ist als gar keine. So unterlassen wir dieselbe hier und verweisen den Leser auf den »Tages-Telegraphen« und die offiziellen Fahrplanbücher, die an jedem Bahnhof eingesehen werden können.

An den Bahnhöfen findet man bei der Ankunft der Züge meist eine ausreichende Anzahl Droschken, jedoch fehlt es oft an Omnibussen, um Personen und Gepäck in die Stadt zu befördern. Dagegen sind genügend Gepäckträger vorhanden, die mit 5 Sgr. für jeden zu transportierenden Koffer zu entlohnen sind.

Um für den Transport von Gütern eine schnelle Verkehrsverbindung zwischen den Bahnhöfen zu ermöglichen, wurde 1850 eine Verbindungsbahn in Betrieb genommen. Von der preußischen Militärführung getrieben, die für den Fall einer

Mobilmachung durch die Verbindungsbahn eine schnellere Verlegung von Truppenverbänden erwartete, befahl König Friedrich Wilhelm IV. den schnellen Bau auf Staatskosten. Allerdings bleiben Züge der Verbindungsbahn immer wieder in Kurven liegen und behindern den Verkehr auf den Straßen, die sie kreuzen, weshalb die Bewohner entlang der Trasse sich zunehmend über Rauch und Lärm beschweren.

Droschken, Halteplätze und Taxen

Unter Friedrich Wilhelm I. wurden im Jahr 1739 die ersten Fiaker zur Bequemlichkeit eingeführt, und es hielten deren 15 auf dem Schlossplatz vor der Stechbahn. Diese gingen aber gegen Ende der Regierung Friedrichs II. ein, ebenso wie die von einem Privatunternehmer eingeführten. Erst im Jahr 1814 erhielt Alexi Mortgen, ein Dessauer Pferdehändler, das Privileg, Droschken an bestimmten Stellen der Stadt für den öffentlichen Verkehr bereitzuhalten. Er begann seinen Betrieb mit 30 Droschken. Keine 50 Jahre später haben mehrere Unternehmer nahe an 1800 Droschken in Dienst gestellt, darunter 60 nächtliche Droschken. Hinzu kommen etwa 500 Torwagen.

Trotz dieser immensen Zahl ist bei Ankunft am Posthof, Königstraße 60, oder am Bahnhof immer wieder ein Mangel an Droschken. Wer sicher eine solche erhalten will, sollte gegen 10 Sgr. auf der Post- oder Eisenbahn-Station vor seiner Abfahrt durch den Telegraphen eine Droschke reservieren lassen. Als Bestätigung erhält er eine Bestellkarte für eine Droschke in Berlin, die, hier angekommen, dem dort stationierten Schutzmann vorzuzeigen ist, der daraufhin die reservierte Droschke zuweist.

	1 Person	2 Personen	3 Personen	4 Personen
20 Min.	5 Sgr.	6 Sgr.	10 Sgr.	12 Sgr.
35 Min.	7,5 Sgr.	10 Sgr.	15 Sgr.	17 Sgr.
50 Min.	10 Sgr.	12 Sgr.	17 Sgr.	20 Sgr.
70 Min	15 Sgr.	17,5 Sgr.	20 Sgr.	22,5 Sgr.
Jede Folgestunde	12,5 Sgr.	15 Sgr.	17,5 Sgr.	20 Sgr.

Preise für eine zeitweise zu mietende Droschke

Die Höhe des zu zahlenden Fuhrgeldes für die Fahrt vom Post- oder Bahnhof zu seiner Unterkunft muss dem Reisenden durch den Kutscher vor dem Besteigen genannt werden. Im Übrigen ist im Inneren jeder Droschke eine Tariftafel zwingend angebracht.

Dem mit der Bahn angereisten Gast mag das Tempo der Berliner Kutsche langsam vorkommen. Sicher viel zu langsam für den Ungeduldigen, der verspätet zum geschäftlichen Termin, zum Stelldichein der Liebe oder zu einem Sterbebett eilt. Dennoch sind die Berliner Droschken viel besser als ihr Ruf, wenn auch nicht ganz so schnell wie die Berliner Feuerwehr, dem sicher schnellsten Fuhrwerk Berlins. Nur in puncto Eleganz hat die Berliner Droschke gegenüber dem Angebot anderer Hauptstädte noch aufzuholen.

Die Droschken findet man auf fast allen Plätzen und an allen Toren, an Bahnhöfen, vor den Theatern und Vergnügungslokalen von 7 Uhr morgens bis 11 Uhr abends. Eine Person zahlt 5 Sgr., zwei Personen 6 Sgr., drei Personen 10 Sgr., vier Personen 12 Sgr. für jede Tour innerhalb der Stadt incl. der Bahnhöfe. Das Doppelte zahlt man für bestellte Frühfuhren vor 7 Uhr morgens, im Winter vor 8 Uhr morgens.

Droschken können auch zeitweise gemietet werden. Kinder unter 12 Jahren in Begleitung Erwachsener fahren kostenfrei.

Nachtdroschken, von 11 Uhr abends bis 7 Uhr morgens, kosten auf 20 Minuten 15 Sgr., wobei die Zahl der Personen gleichgültig ist. Diese Droschken sind daran zu erkennen, dass sie vorn, neben dem Kutscher, zwei brennende Laternen haben.

Außerdem gibt es 10 **Droschken mit Wegemessern**, welche die Nummer mit goldener Schrift auf der Wagentür tragen und mit Laternen versehen sind. Das Fahrgeld beträgt für eine Sechstelmeile bei einer bis zwei Personen 22 Sgr., bei drei bis vier Personen 5 Sgr., für jede angefangene Sechstelmeile fällt der volle Fahrpreis an. Zwei Kinder unter 12 Jahren sind frei, drei gelten für eine erwachsene Person. Muss die Droschke mehr als 10 Minuten warten, so sind 21 Sgr. dafür zu bezahlen.

Die etwa 500 **Torwagen** haben ihre Standorte vor den Stadttoren und werden zu Ausflügen in die Umgegend benutzt. Sie sind von verschiedener Größe und bieten von 4 bis zu 18 Personen Platz. Am Brandenburger Tor findet man eine Anzahl Wagen für Charlottenburg, am Schönhauser Tor für Pankow und Schönhausen, vor dem Halleschen Tor für Tempelhof, in der Alexanderstraße und an der Stralauer Brücke für Stralau, am Alexanderplatz für Pankow und Stralau, in der Köpenicker Straße für Treptow. Der Preis pro Person beträgt 2 bis 3 Sgr. Bei besonderen Festlichkeiten halten die Torwagen in den benachbarten Orten auf Wunsch auch an Plätzen, die keine Haltestellen sind.

Seit 1844 bieten auch auswärtige Unternehmer regelmäßige Droschkenverbindungen nach Berlin an. Sie besitzen die Erlaubnis, direkt in die Mitte der Stadt hineinzufahren, wo sie in der Regel vor dem Lehmann'schen Gasthofe, Behrenstraße 18/19, halten.

Liegen gebliebene Gegenstände sind im Polizei-Büro, Mühlendamm 31a, oder beim Droschken-Verein, Fischerbrücke 14, wiederzuerlangen. Ebendaselbst werden auch Beschwerden entgegengenommen.

Bei Streitigkeiten mit den öffentlichen Fuhrleuten oder um Auskunft in lokalen Angelegenheiten zu erhalten, kann sich der Fremde an einen der in den Straßen oder Bahnhöfen Dienst tuenden Schutzmann wenden. Dieselben tragen eine dunkelblaue Uniform mit weißen Metallknöpfen und eine schwarze Pickelhaube mit weißem Beschlag.

Der Omnibus

Eine lebenserleichternde Einrichtung, wie sie in der englischen Stadt Manchester schon seit 1824 und in der sächsischen Hauptstadt Dresden seit 1838 im täglichen Einsatz ist, bekam im Jahr 1846 endlich auch Berlin, den von Arbeitspferden gezogenen Omnibus.

Die Unternehmer Heckscher und Dr. Freyberg erhielten eine Konzession für den Betrieb von fünf Linien, u.a. vom Alexanderplatz über die Schlossfreiheit nach Unter den Linden, durch die Tiergartenstraße bis zur Bendlerstraße. Vom Publikum im Alltag zuerst nur zaghaft angenommen, transportieren heute auf 39 Linien mehr als 290 Omnibusse über eine halbe Million Passagiere jährlich. Schon beginnt die zunehmende Belastung des Straßenpflasters durch den regen Omnibusverkehr den Stadtvätern Sorge zu bereiten.

Die Omnibusse weisen im Wageninneren 12 bis 14, auf dem Verdeck 8 Sitzplätze auf. Weiblichen Personen ist die Benutzung der Decksitze aus Sicherheits- und Schicklichkeitsgründen untersagt.

Ein von Pferden gezogener Berliner Omnibus

Der Preis für eine einfache Fahrt von 2 Sgr. (etwa vom Rosenthaler Tor nach Gesundbrunnen) oder 3 Sgr. (vom Brandenburger Tor nach Charlottenburg) ist auch für die niederen Stände der Hauptstadt erschwinglich, was ein wesentlicher Grund für die stark steigende Auslastung der Omnibusse ist. Wenn in den kommenden Jahren noch eine zweckmäßige Abstimmung des Fahrplans unter den verschiedenen Linien erreicht wird, wäre dies sicher zum großen Vorteil für das Publikum.

Erst kürzlich ist für die Linien zwischen Lustgarten und Moabit eine neue Art Omnibus nach dem Modell der französischen eingerichtet. Sie sind sehr bequem und zweckmäßig und haben neben dem Hauptraum ein geschlossenes Vordercoupé; außerdem führt vom hinteren Teil des Wagens nach den oberen Sitzen eine Treppe, welche so eingerichtet ist, dass sie während des Fahrens bestiegen werden kann.

Die Brandenburgisch-Preußische Post

Obwohl die Postkutsche heute durch die Eisenbahn an Geschwindigkeit überholt und teilweise schon verdrängt ist, wird Berlin noch immer mit vielen Gegenden des preußischen Staates durch Postkutschen verbunden. Notwendige Voraussetzung für einen schnellen und rationellen Betrieb von Postkutschen sind moderne, befestigte Chausseen.

Friedrich II. scheute die Investition in ein ausgedehntes Netz an befestigten Straßen, denn eine Meile dieser Chausseen kostete noch Ende des 18. Jahrhunderts 40.000 Taler. Seine Nachfolger aber bauten das befestigte Straßennetz Preußens schnell aus, sodass General-Postmeister Karl Ferdinand Friedrich von Nagler ab 1821 ein Schnellpostnetz einrichten konnte. Seitdem kann die Strecke von Hamburg nach Berlin in weniger als 30 Stunden zurückgelegt werden. Auf diese Weise konnten nicht nur Personen schnell transportiert, sondern auch Nachrichten, Zeitungen und Briefe in ungewohnter Schnelligkeit verbreitet werden.

Die gelb-schwarz gestrichenen, elegant und komfortabel eingerichteten Postkutschen befördern 12 bis 15 Personen. Die einfache Fahrt kostet: von Berlin nach Potsdam 18 Sgr., nach Küstrin 2 Taler, nach Magdeburg 3 Taler 6 Groschen und nach Danzig 12 Taler.

Das Einschreibe-Büro für die Reisenden und die Station für die Abfahrt befinden sich im mittleren Hof des Postgebäudes, Königstraße 60, wo sie ihre Fahrkarte spätestens am Vortag im Hauptpostamt zu erwerben und sich eine Viertelstunde vor der Abfahrt im Posthof einzufinden haben. Handgepäck ist im Fahrpreis inbegriffen, zusätzliche Gepäckstücke kosten extra.

Das Hofpostamt in der Königstraße

Briefpost

Der Betrieb und die Verwaltung des preußischen Postwesens lag, wie im ganzen deutschen Reiche, bis 1687 in den Händen der Fürsten von Thurn und Taxis. Danach wurden sie vom Kurfürsten Friedrich Wilhelm übernommen. Lange Zeit nur notdürftig betrieben, wurde diese Einrichtung, namentlich unter den General-Postmeistern von Nagler und Schmückert, wesentlich verbessert.

Beim General-Postdirektor ist auch das sogenannte Schwarze Postkabinett angesiedelt, welches Briefe von amtlich bekannt gemachten Personen öffnet, liest, kopiert und bei Verdacht an die Polizei weiterleitet.

Das Gebäude in der Königstraße 60, wurde 1724 vom kgl. General-Lieutenant und Wirklichen Geheimen Etats- und Kriegsrat, Freiherr Friedrich Wilhelm von Grumbkow, angekauft und umgebaut. 1816 erhielt es seine neue Bestimmung als Postgebäude und wurde in den Folgejahren durch den Ankauf mehrerer benachbarter Häuser ständig vergrößert. Heute umschließt es fünf Höfe und enthält neben den verschiedenen Büros die Dienstwohnung des General-Postdirektors. Das Hauptportal befindet sich in der Königstraße.

Briefe können an den Bahnhöfen, im Postgebäude Spandauer Straße 19 sowie in den 14 Stadtpostexpeditionen in den offiziellen Dienstzeiten (wochentags von morgens 7 Uhr bis abends 8 Uhr, sonntagvormittags von 7 bis 9 Uhr und nachmittags von 5 bis 8 Uhr) abgegeben werden. Von Letzteren werden die Briefe stündlich durch die Stadtpostwagen abgeholt und zum Postgebäude verbracht.

Ferner können Briefe in den in der Stadt verteilten 122 Briefkästen deponiert werden, von wo sie an den Wochentagen ebenfalls stündlich abgeholt werden.

Briefmarken verkaufen alle Stadtpost-Expeditionen. Das Porto für den einfachen Brief beläuft sich auf:

- Stadtbriefe: 1 Sgr.
- Briefe bis 10 Meilen Entfernung: 1 Sgr.
- bis 20 Meilen: 2 Sgr.
- darüber: 3 Sgr.

Geldsendungen werden in der Stadtpost-Expedition im Postgebäude angenommen (bis 100 Taler, für Stadtbriefe bis 50 Taler).

Die Paketannahme befindet sich im mittleren Hof des Postgebäudes und an den Bahnhöfen zu den festgesetzten Dienststunden.

Telegraphenbüro

War bis 1849 der optische Telegraph das auf einer einzigen Strecke eingesetzte Kommunikationsmittel für die Übermittlung von behördlichen und militärischen Nachrichten zwischen Berlin und den Rheinprovinzen, so änderte sich die Situation mit der Erfindung des Zeigertelegraphen durch Werner Siemens.

Zusammen mit seinem Partner Halske erhielt er 1847 den Auftrag, zwischen Berlin und Frankfurt auf einer Strecke von 500 Kilometern die bis dahin längste Telegraphenverbindung in Europa zu errichten, welche ihre Funktionsfähigkeit im April 1849 bewies, als mit ihrer Hilfe die Nachricht über die Beschlüsse der Frankfurter Nationalversammlung innerhalb einer Stunde ins ferne Berlin telegraphiert werden konnte. Heute existieren Telegraphenverbindungen nach allen Richtungen und selbst in ferne Länder.

Das Telegraphenbüro befindet sich im Postgebäude, Königstraße 60, im ersten Hof links, eine Treppe hoch, wo Depeschen zu jeder Zeit angenommen werden. Die Vermittlung für Börsen- und politische Nachrichten wird durch Wolffs telegraphisches Korrespondenz-Büro, Spittelbrücke 17, bewerkstelligt.

Jeder Absender einer Depesche muss sich durch Passkarte, durch eine Bescheinigung der Polizei und durch zwei glaubwürdige Zeugen legitimieren.

Einfache Depeschen enthalten bis 25 Wörter, doppelte bis 50, vierfache bis 100 Worte. Der Preis der Depeschen beträgt:

- für eine einfache Depesche von 10 Meilen direkter Entfernung 20 Sgr.,
- bis 25 Meilen 1 Taler 10 Sgr.,

Moderne Anschlagsäule, Lithographie von P. G. Nordmann

- bis 70 Meilen 2 Taler 20 Sgr.,
- bis 100 Meilen 3 Taler 10 Sgr.

Für die Weiterbeförderung von Telegrammen an Orte, welche nicht innerhalb der Telegraphenlinie liegen, werden 8 Sgr., durch Expressboten bis zwei Meilen 24 Sgr., durch Eisenbahn-Betriebs-Telegraphen 18 Sgr. berechnet.

Zur ausschließlichen Benutzung durch Polizei und Feuerwehr besteht seit dem Jahr 1852 eine Telegraphenlinie durch sämtliche Reviere Berlins, welche ihren Mittelpunkt im Polizeigebäude, Molkenmarkt 1, hat. Von hier gehen die Meldungen, namentlich bei ausgebrochenen Bränden, binnen einer Viertelstunde in alle Polizeibüros und Feuerwachen der Stadt.

Anschlagsäulen

Der Berliner Drucker Ernst Litfaß erhielt im Jahr 1854 nach jahrelangen Verhandlungen die Genehmigung für das Aufstellen seiner »Annoncier-Säulen«. Von diesen kann der Reisende in der unangenehmen Lage Gebrauch machen, wenn er wertvolle Gegenstände verloren hat. Aufträge für entsprechende Anschläge sind beim Buchdruckereibesitzer Litfaß, Adlerstraße 7, abzugeben.

Lohndiener

Reisende, die ihr Gepäck transportieren lassen wollen oder während ihres Aufenthalts der Erledigung verschiedener Botengänge durch einen Lohnlakaien bedürfen, wenden sich, wenn sie in ihrem Hotel oder Gasthof einen solchen nicht antreffen, an das Lohnlakaien-Büro in der Jägerstraße 11.

Nach den Bestimmungen des kgl. Polizei-Präsidiums haben die konzessionierten Lohndiener vom 1. Januar 1860 an für ihre Dienstleistungen zu beanspruchen:

- für einen ganzen Tag 1 Taler 10 Sgr.,
- für einen halben Tag, d. h. bis 12 Uhr oder von 12 Uhr mittags an, 20 Sgr.;
- überdauert der Dienst 12 Uhr Mitternacht, so sind für jede nach dieser Zeit angefangene Stunde 10 Sgr. zu entrichten.

DAS GASTLICHE BERLIN

Die vielfältigen Sehenswürdigkeiten der Hauptstadt und ihrer Umgebung lassen sich flüchtig allenfalls in acht Tagen besichtigen. Längerer Zeit bedarf es jedoch, die zahlreichen Kunstschätze, Sammlungen, Kunstgärten oder gar das öffentliche Treiben genauer zu beobachten. Die Zahl der Bauten und Denkmäler ist so bedeutend, der Aufschwung der Industrie so lebhaft und der Vergnügungseinrichtungen sind so viele, dass zu einer näheren Bekanntschaft mit diesen wenigstens vier Wochen nötig sind.

Das Erste, worum der gerade angekommene Reisende sich kümmern muss, ist die Wahl seiner Unterkunft. Wenn der Reisende seinen Aufenthalt auf wenige Tage zu beschränken hat, so wird er seine Wahl unter den 130 Gasthöfen der Hauptstadt treffen.

Ist sein Aufenthalt von längerer Dauer, dann ist er gut beraten, sich möglichst bald ein Hotel garni oder eine möblierte Privatwohnung zu nehmen.

Hotels

Die Gasthöfe Berlins erfüllen die Ansprüche jeden Stands und jeden Anspruchs, und sie werden, entsprechend der Höhe ihres Preises, in drei Klassen geordnet.

- Die der ersten Klasse, welche fast alle das Wort »Hotel« auf ihrem Schilde führen, sind dem eleganteren Publikum geöffnet und liegen alle mehr oder weniger im Zentrum der Stadt.

- Jene der zweiten Klasse, vorzugsweise für Geschäftsreisende und Landbewohner bestimmt, liegen etwas abgelegen, sind weniger elegant, dafür aber preiswerter.
- Die Gasthöfe dritter Klasse sind meistens nur Ausspannungen, bei denen Pferd und Kutsche untergebracht werden können, die über preiswerte und einfachste, wenn auch saubere Zimmer verfügen, alle aber außerhalb der Stadtmauer liegen.

Da anzunehmen ist, dass unter 100 Fremden 75 entweder durch Empfehlung oder Erfahrung schon im Voraus ihre Wahl getroffen haben, da es ferner nur allzu oft vorkommt, dass in Fremdenführern empfohlene Hotels nicht den Anforderungen des Reisenden entsprochen haben, so beschränken wir uns auf die Vorstellung weniger hervorragender Hotels. Eine ausführliche Nennung aller Gasthöfe findet der Interessierte in den nachfolgenden Listen.

Das **Hotel de St. Petersbourg** gilt seit Jahrzehnten als das vornehmste Hotel an Berlins Prachtstraße. Das Haus Unter den Linden 31 gehört zu den von Georg Christian Unger errichteten Bauten mit repräsentativer Fassade, die, auf Geheiß Friedrichs II., dem Ansehen der Straße mehr Glanz verleihen sollten. In friderizianischer Zeit war hier der Gasthof Zum Goldenen Hirsch, seit 1820 nachweislich das Hotel de St. Petersbourg untergebracht. Für den Logiergast angenehm ist auch, dass er im benachbarten Haus Nr. 30 die berühmte Weinhandlung der Brüder Habel mit ihrem reichhaltigen Weinangebot findet.

Das Hotel de St. Petersbourg am Boulevard Unter den Linden

Das an der Kreuzung von Unter den Linden und Friedrichstraße gelegene **Victoria Hotel** zählt mit seinem Café und seinen bestens eingerichteten Zimmern zu den anziehendsten Gasthöfen Berlins. Das Victoria-Café bietet sowohl das Victoria-Frühstück wie das Victoria-Abendbrot zu »außerordentlich mäßigen Preisen«. Der Aufenthalt wird auch dadurch angenehm gemacht, dass eine große Auswahl fremdsprachiger, insbesondere englischsprachiger Zeitungen zur Verfügung steht.

Nicht weit davon entfernt befindet sich das **Hotel de Rome**, dessen Gebäude ebenfalls nach Entwürfen von Georg Christian Unger im Jahr 1775 erbaut wurde. Seit seiner Eröffnung ist es berühmt für seinen Kaffee, weshalb sich dort nach ihren Donnerstagssitzungen die Mitglieder der benachbarten Akademie der Wissenschaften zusammenfinden. Aber auch sonst verkehrt hier eine vornehme Gesellschaft.

Das renommierte **Hotel du Nord**, eröffnet im Jahr 1843, verfügt über einen kleinen Konzertsaal, in dem Clara und Robert Schumann 1847 eine Konzertmatinee gaben. Hier kam es vor wenigen Jahren zu einem über die Hauptstadt hinaus bekannt gewordenen Skandal: Der Jockey-Klub, dessen Mitglieder dem höchsten Adel angehörten, betrieb heimlich im Hotel du Nord eine Spielhölle. Als Polizeipräsident von Hinckeldey diese Brutstätte wildesten Spiels auflösen ließ, fühlte sich eines der adligen Mitglieder beleidigt und forderte Hinckeldey zum Duell auf Pistolen. Durch einen Schuss getroffen, verstarb der verdiente Vorsteher der Polizei auf der Hasenheide.

Das **Hotel de Saxe** ist ein wohl eingerichtetes Hotel, gegenüber dem Schloss gelegen und in der Nähe des neuen Museums und der Börse, mit schöner Aussicht auf die Brücken der Spree. Außer den elegant möblierten 60 Logierzimmern besitzt dieses Hotel auch eine geschmackvoll eingerichtete Badeanstalt.

Es wäre zu umfangreich, für alle Hotels und Gasthöfe die Preise im Einzelnen aufzuführen. Gewöhnlich sind in den Gasthöfen erster Klasse für das Zimmer pro Tag 15 Sgr. bis 2 Taler, für Bedienung 5 bis 8 Sgr., für zwei Kerzen 10 Sgr., für eine Portion Kaffee 7 ½ Sgr., für Mittagstisch ohne Wein bis 20 Sgr. zu entrichten. Der Mittagstisch wird gewöhnlich an der Table d'hôte des Gasthofs genommen. Man findet des Sonntags jedoch auch einen guten Mittagstisch für 20 Sgr. bei Kroll, wofür man zu gleicher Zeit freien Eintritt zu den Nachmittagsvergnügungen hat.

Bei einem längeren Aufenthalt lohnt sich immer, ein Übereinkommen mit dem Hotelier zu treffen, welcher in der Regel ein angenehmes Entgegenkommen zeigt.

Hotels garnis

Die Hotels garnis, 40 an der Zahl, stehen meist im Range der Gasthöfe erster Klasse und eignen sich auch für das elegantere Reisepublikum.

Bei Ankunft ist eine Anzahlung zu leisten, die weiteren Zahlungen erfolgen zum Monatsende. In der Regel ist ein schriftlicher Kontrakt nicht abzuschließen. Die Kündigung erfolgt gewöhnlich vor dem 15. des laufenden Monats.

Die monatliche Miete für ein Zimmer in einem Hotel garni beträgt 5 bis 10 Taler. Elegant eingerichtete Hotels garnis mit einzelnen Zimmern zu 12 Sgr bis 1 Taler täglich sind zu finden: in der Markgrafenstraße 41, Unter den Linden 72 und in der Schadowstraße 2.

Die Etablissements bieten Bedienung, Reinigung der Kleider, Licht und Heizung auf gesonderte Rechnung. Auch das Frühstück kann in der Wohnung eingenommen werden.

Privatwohnungen

Der Reisende, der seine Unterkunft in einer Privatwohnung zu haben wünscht, wendet sich an den Rezeptionisten seines Hotels. Von ihm geführt, wird er schnell eine passende möblierte Wohnung finden, derer es in der Stadt unzählige gibt.

Wer sich die Wohnung selbstständig suchen möchte, bedarf eines Führers nicht. Er schaue in das »Intelligenzblatt« oder achte zu beiden Seiten der Straßen auf die an Türen und Fenstern hängenden Mietszettel und wird sehr bald gefunden haben, was er sucht. Im Zentrum der Stadt werden Zimmer für den Preis von 5 bis 10 Talern monatlich, in den abgelegeneren Stadtteilen auch zu deutlich niedrigeren Preisen zur Miete angeboten.

Gasthöfe erster Klasse

Unter den Linden und nähere Umgebung:

- Hotel Royal oder Königshof, Unter den Linden 3;
- Hotel Impérial, Unter den Linden 72;
- British Hotel, Unter den Linden 56;
- Hotel de St. Petersbourg, Unter den Linden 31;
- Meinhard's Hotel, Unter den Linden 32;
- Viktoria Hotel, Unter den Linden 46;
- Hotel de Rome, Unter den Linden 39;
- Hotel du Nord, Unter den Linden 35;
- Hotel de Russie, Platz an der Bauakademie 1;
- Hotel d'Angleterre, Platz an der Bauakademie 2;
- Hotel des Princes, Behrenstraße 35;
- Baierscher Hof, Charlottenstraße 44;
- Zernikow's Hotel, Charlottenstraße 43.

In der Friedrichstadt:

- Rheinischer Hof, Friedrichstraße 59;
- Hotel de France, Leipziger Straße 36;
- Hotel de Prusse, Leipziger Straße 31;
- Kißkal's Hotel zur Stadt London, am Dönhoffplatz;
- Hotel de Brandebourg, Charlottenstraße 59;
- Kellner's Hotel de l'Europe, Taubenstraße 16;
- Hotel Bellevue, Mohrenstraße 64;
- Hotel de Magdebourg, Mohrenstraße 11.

In der Geschäftsgegend innerhalb der Stadt:

- König von Portugal, Burgstraße 12 (wo Lessing das ›Fräulein von Barnhelm aus Sachsen‹ absteigen ließ);
- Hotel de Saxe, Burgstraße 20;

- König von Preußen, Brüderstraße 39a;
- Hotel de Hambourg, Heiligegeiststraße 18;
- Kronprinz, Königstraße 47;
- Hotel zum Schwarzen Adler, Poststraße 30;
- Roter Adler zum Köllnischen Hof, Kurstraße 38;
- Happolds Hotel, Alte Grünstraße 1;
- Busses Hotel zum Deutschen Hause, Klosterstraße 89.

Gasthöfe zweiter Klasse

- Das Pommersche Haus, Hotel de Frankfurt; Grüner Baum: in der Klosterstraße;
- Hof von Holland, Roßstraße;
- Braunes Ross, Krausenstraße;
- Goldner Adler, Spandauer Straße.

Die Restaurationen

Die Zahl der registrierten öffentlichen Lokale in Berlin beläuft sich auf 2255, worunter sich etwa 500 Restaurationen befinden, welche sich auch Cafés nennen. In diesen kann außer zu essen auch Wein und Bier getrunken werden, in manchen wird Billard, Schach oder Domino gespielt.

Die Tischzeit ist mittags zwischen 12 und 3 Uhr, abends zwischen 7 und 10 Uhr, doch kann man auch zu jeder anderen Zeit dort eine Mahlzeit erhalten. In Betreff des Mittagstisches ist bei nahezu allen Speisehäusern ein großer Luxus nicht vorhanden, vielleicht weil derselbe von den meisten Leuten nur als Nebensache, d.h. als Vorbereitung auf den Abend angesehen wird.

Die Unabhängigeren, die Beamten, die höheren Offiziere oder Künstler, speisen in den ersten Restaurants Unter den

Linden und messen den Wert ihrer Speisen nach der Würde ihrer Preise. Danach sind sie für den Abend, den Hauptteil des Lebens, gerüstet. Eine vollständige Mahlzeit kostet etwa 10 Sgr., ein Beefsteak 6 bis 7 Sgr. Unter den Weinen werden vorzugsweise französische und Rheinweine getrunken.

In den mittleren Restaurationen finden sich junge Leute von den Büros, Angestellte und Kaufleute ein. Hier kann auf Abonnementskarten zu 3 ½ bis 10 Sgr. gespeist werden und vermehrt wird das Berliner Bairische und das Berliner Weißbier ausgeschenkt.

Die Ärmeren, welche zur alten Einteilung der zwei Tageshälften durch anstrengende Arbeit gezwungen sind, essen um die gewöhnliche Mittagsstunde, falls ihnen von Muttern keine Stulle mitgegeben, in den sogenannten Kellerwohnungen. Die letztgenannten Speiseanstalten finden sich in den entlegeneren Straßen, und je nach den Verhältnissen ist auch die Art und die äußere Einrichtung der Mittagstische verschieden.

In den Restaurationen sind keine besonderen Trinkgelder für die Mittagstafel üblich, doch verpflichtet man die Kellner dadurch zu größerer Aufmerksamkeit.

Zu den besten Restaurationen gehören folgende:

- Mäder, Unter den Linden 23;
- Café Prince Royal, Unter den Linden 24;
- Café Royal, Unter den Linden 33;
- Café National, Unter den Linden 27;
- Café de Bavière, Französische Straße;
- Café Bellevue, Friedrichstraße 164;
- Café Beyer, Friedrichstraße 83;
- Café Belvedere, Hinter der katholischen Kirche 2;

- Kothe, Werder'sche Straße 5, vorzugsweise von Studenten besucht;
- Café Delschig, Leipziger Straße 70;
- Kunert (Volpi), Stechbahn 3;
- Happold, Grünstraße 1;
- Buder & Sohn, Königstraße 1;
- Levinthal, Königstraße 59;
- Kaiser Alexander, Alexanderstraße 70;
- Friedrich-Wilhelms-Garten, Unter den Linden, Ecke der Schadowstraße;
- das neulich eröffnete Café Barkowsky, Hausvogteiplatz 1.

Die Konditoreien

Berlin gehört zu den wenigen Hauptstädten, in welchen der Kaffee im Wirtshausleben eine untergeordnete Rolle spielt. Noch neigen sich die Berliner mehr dem Bier und den Spirituosen zu. Dennoch spielen die zahlreichen Konditoreien, die eigentlichen Kaffeehäuser der Stadt, eine wichtige Rolle. Nicht nur wegen ihrer vorzüglichen Erzeugnisse, sondern auch weil sich in ihnen der physische Genuss mit dem geistigen und der gesellige Verkehr mit dem Studium der Tagesliteratur mischen. Doch darf nur in einigen und in besonderen Kabinetten geraucht werden.

Die niedrigste Klasse dieser Konditoreien hat neben dem Laden ein Zimmerchen, welches im Winter durch Kälte und im Sommer durch Fliegen Schrecken erregt. Von dieser Gattung von Konditoreien steigert sich die Qualität stufenweise durch erträgliche Divans, mehr oder weniger Journale, Kronenleuchter und Gasflammen bis zu den Lokalen, welche die Erholungsstätten der feinen und gebildeten Flaneure, die

Frühstücksstuben der Feinschmecker, die Lesekabinette der Politiker und Journalisten sind und wo man Kaffee und Schokolade für hohen Preis aus Fingerhuttassen trinkt.

Ein äußerst aristokratisches Aussehen haben die Konditoreien ersten Ranges, und es gehört zum Anstand jedes gebildeten Provinzialen, dass er in seinem Leben wenigstens einmal **Stehely** am Gendarmenmarkt besucht hat, das durch ganz Deutschland bekannt ist und als der Versammlungsort der Crème des ganzen Berliner Parnasses gilt. Im ersten Zimmer dieser Konditorei trifft sich eine Gesellschaft von Stammgästen, die hier, namentlich vor Beginn des Theaters, die hohe und niedere Politik debattiert und Neuigkeiten zusammenträgt: alte Geheim-, Hof- und andere Räte, Gelehrte und Schriftsteller, die hier ihre Pastete verschlingen und ihre Zeitungen durchsehen. Früher verkehrten hier die unsauberen Geister, welche vor 1848 zu den Missliebigen gezählt wurden; diese roten Geister sind verschollen und verblichen wie die Tapeten des roten Zimmers.

Bei **Kranzler**, Unter den Linden 25, zeigt sich die feine Welt, die sich von der Abgeschiedenheit der Rittergüter erholt, die Strudel- und Prudelwitze, die Bonvivants, die ihre Zeit bis zum Diner ausfüllen wollen; die Galans, die ihre Schönen regalieren, und die Fremden, die Kranzler'sches Eis essen, um von den Herrlichkeiten der Residenz erzählen zu können.

Bei **Spargnapani**, Unter den Linden 50, herrscht der mannigfaltigste Verkehr und zu gleicher Zeit der stillste, weil das Studium der Journale hier der Hauptzweck ist.

Bei **Josty**, An der Stechbahn 1, gibt es einen stattlichen Saal, der mit feinen Marmortischen besetzt ist. Dieses Haus ist besonders besucht von Kaufleuten, die sich zu einer Spekulation stärken, von Offizieren, die vor der Wachtparade einen Blick in die Zeitungen werfen, und von Juristen, die nicht mit leeren Magen nach dem Stadtgericht gehen wollen. Und **d'Heureuse**, Unter den Linden 18, kommt seinen Gästen mit der großen Konzession eines Raucherzimmers entgegen.

Auch einfachere Konditoreien finden sich allenthalben, und wer abends durch die Öffnung der Gardine in eines ihrer Fenster schaut, sieht vielleicht eine träge und gelangweilte Ladenmamsell gähnend am Ofen sitzen und ihren Kopf zurücklehnen. Im Stadtkern finden sich:

- Völcker, Unter den Linden 59a, mit Perron;
- Klose, Schlossfreiheit 3, mit Perron;
- Weiss (vormals Schauss), Jägerstraße 39, vorzüglich von Damen besucht;
- Pollack, Hausvogteiplatz 6.;
- Hildebrandt & Comp., Spandauer Straße 47;
- Schulz, Jüdenstraße 10 (große Auswahl von Bonbons);
- Felix & Sarotti, Friedrichstraße 191;
- Courtin & Comp., Königstraße 61, neben der Hauptpost.

Die Delikatesshandlungen

Wenn schon davon die Rede ist, wie Berlin isst und trinkt, so ist unbedingt noch von den Delikatesshandlungen und -kellern zu berichten, die sich nach Hamburger Muster eingebürgert haben. Anfangs traten sie vereinzelt auf, da die Genüsse des raffinierten Lebens nicht in Kellern gesucht wurden, man ging um sie herum wie die Katze, die weislich erst den Brei kalt werden lässt. Dann aber begann man, sich heimisch in ihnen zu fühlen, und gegenwärtig sind sie ganz unentbehrlich geworden.

Restaurant, Weinhandlung und Delikatessengeschäft F. W. Borchardt in der Französischen Straße. Lithographie von Ludwig Löffler

Von ihnen die wichtigsten sind:

- Gerold Sohn, Unter den Linden 24, nahe der Friedrichstraße;
- Sala, Tarone & Co., Unter den Linden 41;
- Borchardt, Französische Straße 48, zwischen der Friedrich- und Charlottenstraße;
- Giesau, Unter den Linden 34, der Akademie gegenüber (Keller);
- Reinecke & Sohn, Unter den Linden 26, Eingang Friedrichstraße (echte Kapweine);
- Pariser Keller, am Pariser Platz 7, Ecke der Linden;
- Dittmann, Markgrafenstraße 44, am Gendarmenmarkt;

- Englischer Keller, Behrenstraße 34;
- Buder, Königstraße 1, bei der Langen Brücke;
- Deicke, Königstraße 11;
- Tiemann, Königstraße 7, der Hauptpost schräg gegenüber.

Die Weinhandlungen

Noch im Jahr 1711 tranken die damals 60.000 Berliner jährlich 859 Eimer, d.h. etwa 60.000 Liter, des meist in Berlin und Umgebung angebauten Landweins. Nur bei Hofe und dem hohen Adel kamen Tropfen anderer Anbaugebiete auf den Tisch.

Die Anbaufläche der Eigengewächse belief sich auf etwa 9 Morgen. Vor dem Rosenthaler Tor auf dem Wollank'schen Weinberg, wie nicht weit von der Unterbaumbrücke, auf dem »Hohen Berg«, nach dem Besitzer auch »Menadier'scher Weinberg« genannt, befanden sich nennenswerte Weingüter mit angeschlossener Restauration.

Erst nachdem Friedrich II., der den einheimischen Spreewein durch einen Einfuhrzoll geschützt hatte, im Jahr 1784 dem Weinhändler Mitscher die Einfuhr von zehn Fass Moselwein gestattete, stieg der Verbrauch auch ausländischer Weine an, und im selben Maße ging der eigene Weinanbau zurück.

Heute ist die Zahl der Weinstuben und der Weinkeller in Berlin bedeutend. Diese Lokale gewähren eine große Auswahl von allen Sorten fremder und einheimischer Weine zum Preise zwischen 12 Sgr. und 2 Talern pro Flasche. Man erhält hier den Wein in ganzen oder halben Flaschen oder in einzelnen Gläsern und kann nach Belieben mit warmen Fleischspeisen oder mit Delikatessen bedient werden. Im Angebot findet sich auch der teure Champagner, von Heidsieck, Deutz, Mumm oder Krug, von deutschen Weinbauern also, die im späten 18. Jahrhundert nach Frankreich ausgewandert sind und dort mit großem Erfolg den »Sect« kultivieren.

In neuerer Zeit sind auch hier Einrichtungen in Gebrauch gekommen, die mit dem zarten Namen eines Delikatessenkellers belegt sind. Entgegen dem, was der Name suggeriert, sind deren Räume meist sehr elegant eingerichtet und enthalten außer allen Weinsorten die ausgesuchtesten Delikatessen. Ebenso zur Klasse der Weinhandlungen gehören die sogenannten Italienerwaren-Handlungen, bei denen jedoch keine warmen Speisen zu erhalten sind.

Weinstuben und Weinkeller:

- Lutter & Wegner, Charlottenstraße 49, der berühmte ehemalige Lieblingsaufenthalt des Schauspielers Ludwig Devrient und des Romantikers E. T. A. Hoffmann. Von diesen angezogen, kamen als Stammkunden auch Carl Maria von Weber, der junge Heinrich Heine, Adelbert von Chamisso und Joseph Freiherr von Eichendorff, wodurch die Weinstube zum Inbegriff des Berliner Nachtlebens wurde.
- Rähmel, Markgrafenstraße 45;
- Dedel, Leipziger Straße 65;
- Becker Söhne, Leipziger Straße 57;
- Wächter & Comp., Leipziger Straße 76;
- Nitze & Comp., Schlossplatz 7;
- Maurer, Brüderstraße 27;
- Waga & Jürgensen, Burgstraße 25;
- Petsch, Krausenstraße 40, wo nur Apfelwein getrunken wird.

Italienerwaren- und Delikatessen-Handlungen:

- Gerold, Unter den Linden 24;
- Ewest, Behrenstraße 26a;
- Reinicke & Sohn, Unter den Linden 26;
- Thiermann, Jägerstraße 56;
- Dittmann, Markgrafenstraße 44;
- Jerusalemer Keller, Jerusalemer Straße 21;
- Buder & Sohn, Königstraße 1;
- Burgkeller, Burgstraße 25;
- Herkuleskeller, an der Herkulesbrücke;
- Englischer Keller, Behrenstraße 34;
- Schlosskeller, Schlossfreiheit 6;
- Klette, Luisenstraße 46, besonders von Offizieren besucht;
- das kürzlich eröffnete Sichmon'sche Weinhaus im Dünwald'schen Hause auf dem Alexanderplatz;
- die neue Weinhandlung von Delcour, Burgstraße 6.

Bierstuben

Die schwache Seite von Berlins mittleren Klassen ist das Bier, bei den unteren dies und der Schnaps. Nirgendwo gibt es mehr Bierstuben als hier, jede Straße kennt mindestens zwei. Nirgendwo gibt es mehr Spirituosenläden als in Berlin. Ein Fremder wird bei dem ersten Spaziergange durch die Stadt der Bemerkung kaum entgehen können, wie üppig hier der Bier- und leider auch der Schnaps-Konsum im Flore stehen. Horribile dictu, lässt sich die Zahl der Berliner Bier- und Schnapsläden mit 2000 bis 2500 angeben. Es soll hiermit, wohlverstanden, den Berlinern kein Vorwurf gemacht, vielmehr nur niedergeschrieben werden, was in einer Charakteristik Berlins durchaus nicht fehlen darf.

In einer Berliner Destillation. Holzstich von Ludwig Löffler

In diesen Bierstuben und Destillationen werden Könige und Fürsten abgesetzt, Berühmtheiten fabriziert oder annulliert, wird von der Notwendigkeit der Beschränkung russischer Übergriffe und von den Windeln des kaiserlichen Prinzen in Paris gesprochen.

Die Bierhäuser teilen sich in drei Klassen. Zur ersten gehören die wenigen, in welchen nur echtes **bairisches Bier** ausgeschenkt wird, von welchem der Seidel 3 Sgr. kostet. Diese Bierhäuser sind in den Augen des großen Publikums ein Luxus, den man sich nicht erlaubt, solange das unechte Bier billigen Ansprüchen genügt.

Die Zahl derjenigen Häuser hingegen, in welchen ausschließlich das einheimische **Berliner Bier** getrunken wird, ist Legion. Es ist schwerer, ihnen aus dem Wege zu gehen, als sie zu finden, denn ihre bunten Laternen in Bierseidelform beherrschen die beiden Seiten der Straßen. Besonders jene Etablissements, die sich eines guten Rufes befleißigen, sind des Abends stark besucht und spenden dem Durstigen den Seidel für 1 ½ Sgr.

Ihre innere Einrichtung ist größtenteils von großer Einfachheit, die Luft des Zimmers in der Regel von Zigarrendampf geschwängert. Gegen billige Preise ist der Genuss eines achtbaren Beefsteaks oder Bratens zu haben, doch darf man an die Mehrzahl dieser Häuser nicht allzu große Ansprüche hinsichtlich des Speisezettels machen. Vor der Unsitte des Trinkgeld-Gebens hat sich der Berliner bisher sorgfältig bewahren können.

Eine eigene Spezies endlich bilden die **Weißbierkneipen**. Freilich ist das Weißbier durch das Überhandnehmen des nachgeahmten Bairischen sehr beeinträchtigt worden, aber es hat doch immer noch seine Anhänger behalten, vornehmlich den kleinen Rentier und den Handwerker. Hier kostet ein Glas Weißbier 2 ½ Sgr., ein Glas Josty, Grünthaler, Potsdamer oder Werder'sches Bier 2 bis 2 ½ Sgr.

Die am meisten besuchten Bierlokale in der Stadt sind:

- Waßmann, Leipziger Straße 33;
- Schwendy, Alte Schönhauser Straße 3;
- Ley, Neue Schönhauser Straße 95;
- Schäfer, Albrechtstraße 21, mit einem neu angepflanzten, geräumigen Garten;
- Schultheiß, Neue Jakobstraße 26;
- Hapvold, Neue Roßstraße 2;
- Café Seyffert, ein neues elegantes Lokal im Dünnwald'schen Hause am Alexanderplatze.

Weißbier ist vorzugsweise zu empfehlen bei:

- Clausing, Zimmerstraße 80;
- Aschbach, Heiligegeiststraße 30;
- Josty-Bier im Jostykeller, Markgrafenstraße 43.

Echt bairisches Bier bei:

- Wallmüller, Mohrenstraße 37;
- Flügge, Leipziger Straße 36;
- Wagner, Charlottenstraße 36;
- Unter den Linden 22 hat der Restaurateur Hoffmann ein elegantes Geschäft eröffnet, in welchem der Seidel echt bairisches Bier für 2 Sgr. verkauft wird.

Sehr besucht sind die bairischen Bierbrauereien vor den Stadttoren, dem Mekka der durstigen Berliner. Dort versammeln sich bei günstiger Witterung Tausende von Menschen in den dazugehörigen Gärten, namentlich bei:

- Brauns, Schönhauser Allee;
- Ley, Schönhauser Allee 162;
- Pfleiderer, vor dem Landsberger Tor;
- Tiezen, Brunnenstraße 22a;
- Schultheiss, Schönhauser Allee 30; ein remarkables Haus, das an jedem Abend jenem Fremden empfohlen wird, der vom Inneren einer stark besuchten Weißbierkneipe eine Anschauung gewinnen will.

Das regste Leben aber herrscht im April, wenn das Bockbier ausgeschenkt wird, auf dem Tempelhofer Berge bei Hopf. Auf der gegenüberliegenden Höhe, dem Kreuzberg, an der Stelle, wo früher das Tivoli, Berlins erster großartiger Vergnügungsort, sich befand, ist jetzt eine Aktien-Brauerei im großartigsten Stil erbaut. Die Eröffnung geschah im März 1860 in Gegenwart der städtischen Nobilitäten. In einem dreistöckigen Gebäude, wovon jedes einzelne Stockwerk 15.000 Quadratfuß Lagerraum enthält, befinden sich außer dem Schankkeller: Böttcherwerkstatt, Schmiede, Vorratsräume und Stallung für 24 Pferde. Im Brauhaus befindet sich eine Dampfmaschine von 25 Pferdekräften.

So sind Kreuzberg, Wilhelmshöhe und Tempelhofer Berg zu nichts weniger geworden als zum Montmartre von Berlin, mit parkartigen Anlagen, von denen aus man die breite Front der Hauptstadt überblickt. Hier feiern im April die Berliner ihr Bock-Walpurgis. Tausende von geputzten und fröhlichen Menschen erfüllen die großen Säle und die geräumigen Gärten. Dort lächeln die Frauen dem Ehemanne zu, von dem sie sich noch gestern scheiden wollten; die Jungfrauen vergessen ihr entnervendes Nähzeug; der Subalternbeamte ist so glücklich, dass er in seinem Herzen sogar dem Kanzleiinspektor verzeiht, der ihn am letzten Neujahr nicht zur Remuneration empfohlen hat. Den spielenden Kindern sieht man dort alle Ungezogenheiten nach, und die vom Maulkorbe befreiten Hunde benutzen die günstige Gelegenheit, sich recht vergnügt ineinander zu verbeißen. Dieses fröhliche Treiben währt bis in die Nacht, und zuweilen tritt, presto tempo, eine »Keilerei« ein, aber nach kurzer Passage führen die blauröckigen Männer das Konzert zur besänftigenden Ruhe zurück. Zur Bockzeit sind selbst die Wächter und Schutzleute nachsichtig, wenn Berlins Straßen sich zu laut gebärden und der Berliner den wiederkehrenden Frühling mit Bockbier feiert.

BANKEN, GELDWECHSLER UND HANDELSGESCHÄFTE

Berlin war weder durch seine geographische Lage noch durch die politische Stellung des Staates zu einem Handelsplatze bestimmt. Seit der Einführung der Gewerbefreiheit, der Einrichtung der Gewerbeakademie in der Klosterstraße und namentlich der Errichtung des Deutschen Zollvereins hat sich der Berliner Handelsstand zu einer Bedeutung emporgeschwungen, welcher der Hauptstadt der preußischen Monarchie würdig ist.

Dieser gesteigerte Handelsverkehr sowie die Tatsache, dass in Berlin sich die Zentralkassen des Staates befinden und die meisten beweglichen Reichtümer sich aufhäufen, haben die Stadt notwendigerweise zum Mittelpunkt für den Geld- und Kapitalverkehr werden lassen. An der Spitze dieses Verkehrs stehen zwei Staatsinstitute von umfassendem und tief eingreifendem Einfluss: die Seehandlungssozietät und die kgl. Hauptbank.

Die **Königliche Seehandlung**, Jägerstraße 21, im Jahr 1772 von Friedrich II. gegründet, ist das Handlungskontor der Regierung, verschafft Preußen Anleihen im Ausland und besorgt alle von der Staatsverwaltung ausgehenden kaufmännischen Geschäfte. Sie ist eng in die Verwaltung der Schulden des preußischen Staates eingebunden und steht deshalb in engem

Die Königliche Hauptbank in der Jägerstraße

Kontakt mit der die Hauptverwaltung der Staatsschulden, Oranienstraße 92–94. Seit der 28 Jahre dauernden Präsidentschaft von Christian Rother wurde sie verstärkt in der Förderung moderner Ackerbaubetriebe und aufstrebender Gewerbebetriebe tätig. Die Herstellung und der Export feiner Schafswolle nach dem Ausland liegen ebenso in ihrer Hand wie die Expedition von Waren nach Übersee.

Nicht zuletzt hat sich die Seehandlung selbst zu einem staatlichen Unternehmer allergrößten Stils entwickelt. Sie finanziert den Ausbau des Fernstraßennetzes und beschäftigt hier zeitweise 15.000 Arbeiter. Sie fördert den Eisenbahnbau, den Ausbau der Schifffahrtskanäle und betreibt die Binnenschifffahrt mit eigenen Schiffen. Auch betreibt sie Musterbetriebe (Spinnereien, Webereien, Maschinenfabriken usw. sowie die chemische Fabrik Oranienburg) in eigener Regie und hält zahlreiche Beteiligungen an Unternehmen.

Alte Münze am Werder'schen Markt. Radierung von F. Schmidt nach Calau

Eine andere Stellung nimmt die **königliche Hauptbank**, Jägerstraße 34, ein. Dieselbe, ebenfalls von Friedrich II. im Jahr 1765 gestiftet, ist eine Depositen- und Leihbank, die Kapitalien von 50 Talern aufwärts gegen 2 bis 3 % Zins annimmt. Sie verleiht Kredit auf Waren, auf Staatspapiere und edle Metalle gegen Unterpfand und diskontiert Wechsel auf die verschiedenen Handelsplätze der Monarchie. Der Chef ist der Minister von der Heydt, der Präsident der Bank der Geheime Rat von Lamprecht.

Nicht weit von den beiden Staatsbanken entfernt, am Werder'schen Markt, befindet sich die **Königliche Münze**, an jener Stelle, wo früher das Werder'sche Rathaus stand. Im Jahr 1794 durch den Architekten Heinrich Gentz errichtet, umzieht das Münzgebäude ein bemerkenswertes, 116 Fuß langes und 6 Fuß breites Basrelief aus bronziertem Sandstein, nach Entwürfen von Friedrich Gilly durch Schadow angefertigt. Auf ihm sind

Emblem des Berliner Kassenvereins

die Gewerke dargestellt, die zur Gewinnung des Metalls und der Herstellung von Münzen notwendig sind. Durch die Erwerbung zweier benachbarter Grundstücke soll die Münze wesentlich erweitert werden.

Noch bis vor kurzer Zeit konzentrierte sich das **Bankgewerbe Berlins** auf die Finanzierung von Speditions- und Handelsgeschäften. Mit den Kapitalanforderungen des Eisenbahnbaus und der aufkommenden Industriebetriebe aber wuchs nicht nur die Zahl der Privatbankiers, es wuchs auch die Notwendigkeit, durch die Gründung von Aktienbanken die notwendig gewachsenen Kapitalien bereitzustellen.

So wurde als eine der ersten der Banken Berlins der **Berliner Kassenverein**, Burgstraße 25, am 1. Oktober 1850 in eine Aktiengesellschaft mit dem enormen Grundkapital von 1 Million Talern umgewandelt. Die Bank erhielt das Recht zur Banknotenemission. Sie hat erst kürzlich ein neues Grundstück neben der kgl. Bauakademie erworben.

Unter den **Privatbanken** Berlins von Bedeutung sind weiter zu nennen das renommierte Bankhaus der **Gebrüder Schi-**

ckler, Gertraudenstraße 16, das als älteste Bank Preußens angesehen wird. Im Jahr 1712 als Handelshaus Splitgerber & Daum gegründet, wurden von Beginn an auch Geschäfte mit Edelmetallen, Münzen und Wertpapieren betrieben. Als eine der führenden und angesehensten Privatbanken Preußens ist sie die erste Adresse für aristokratische und vermögende Kreise.

Des Weiteren **Anhalt & Wagener**, Brüderstraße 5, im Jahr 1775 als Handels- und Speditionshaus gegründet, das seit 1820 seine Bankgeschäfte laufend ausgeweitet hat, sodass dies heute die eigentliche Geschäftstätigkeit ausmacht.

Schließlich **Mendelssohn & Comp.**, Jägerstraße 51, 1795 von Joseph Mendelssohn in der Spandauer Straße gegründet, das 1815 seinen heutigen Hauptsitz bezog. Seit 1850 betätigt sich dieses Bankhaus in besonderer Weise in der Finanzierung des russischen Staates.

Für einfache **Geldwechselgeschäfte** empfehlen sich ebenfalls:

- Fetschow & Sohn, Handel, Industrie und Gewerbe, Klosterstraße 87;
- W. N. Engelhardt, An der Schleuse 15;
- Jacquier & Securius, An der Stechbahn 2;
- Breeft & Gelpke, Jägerstraße 32;
- Hirschfeld & Wolff, Unter den Linden 27.

ÖFFNUNGSZEITEN DER SEHENSWÜRDIGKEITEN

Um dem Reisenden den Zugang zu den bedeutendsten Sehenswürdigkeiten der Hauptstadt komfortabel zu machen, werden deren Öffnungszeiten nachfolgend angegeben.

Die meisten Sammlungen sind durch Vermittlung eines Lohndieners auch an anderen als den öffentlichen Tagen zugänglich.

Täglich geöffnet

- Schloss Bellevue mit Park und Gemälde-Galerie, nach Anfrage beim Kastellan;
- Bethanien-Krankenhaus: 10–4 Uhr, außer sonntags. Wer zum Besten der Anstalt etwas schenken will, legt es in die Büchse am Eingangstor;
- Königliche Bibliothek: 9–1 Uhr, außer sonntags; das Lesezimmer: 9–4 Uhr, sonnabends: 9–1 Uhr;
- Borsigs Maschinenbau-Anstalten in Berlin und Moabit, von 12–2 Uhr geschlossen;
- Botanischer Garten: 8–12 und 2–7 Uhr, außer sonnabends und sonntags;
- Charité-Krankenhaus: vormittags;
- Schloss Charlottenburg, Mausoleum; ein Einzelner 10 Sgr., eine Gesellschaft 20 Sgr. bis 1 Taler Trinkgeld;

Diakonissenkrankenhaus Bethanien im Luisenviertel. Stahlstich von Julius Umbach

- Kriminal- und Schwurgerichts-Verhandlungen: vormittags;
- Königliche Eisengießerei: 8–12 und 3–6 Uhr; vom Oktober bis März: 9–12 und 2–5 Uhr; sonntags nicht; je Person in die Knappschaftskasse 5 Sgr.;
- Gemälde-Ausstellung von Sachse & Co., Jägerstraße 30: 10–4 Uhr, sonntags 11–2 Uhr, Eintritt 5 Sgr.;
- Gemälde-Galerie des Grafen Raczynsky: 12–2 Uhr;
- Gerson's Bazar, am Werder'schen Markt 5: den ganzen Tag, sonntags nicht;
- Königliche Glasmalerei-Anstalt, Neanderstraße 4: nach Anfrage;
- Krolls Etablissement: täglich;
- Kunstausstellung im Akademie-Gebäude: alle zwei Jahre, im September beginnend, 10–5 Uhr, sonntags 11–5 Uhr, Eintritt je Person 5 Sgr.;

- Kunst-Bronzegießerei, Münzstraße 10: nach Anfrage;
- Kunstverein, Ausstellung neuer Bilder, Unter den Linden 21, im Hofe rechts: 11–2 Uhr, Eintritt unentgeltlich;
- Militär-Musik bei der Königswache: zwischen 11 und 12 Uhr mittags;
- National-Krieger-Denkmal, im Invalidenpark: 10–6 Uhr;
- National- und Sieges-Denkmal, auf dem Kreuzberge: Der Hüter, ein Invalide, öffnet auf Verlangen das Gitter, Trinkgeld 5 Sgr.;
- Palais der Prinzen, in deren Abwesenheit: nach Anfrage bei den Haushofmeistern;
- Potsdam, Sanssouci und Umgebungen: die Königlichen Gärten den ganzen Tag; die Königlichen Paläste nach Anfrage bei den Kastellanen; Wasserkünste von Sanssouci: sonntags, dienstags und donnerstags;
- Rauchs Museum: 11–12 Uhr;
- Königliches Schloss: Paradezimmer, Bildergalerie, Weißer Saal, Neue Kapelle 10–4 Uhr: nach Anmeldung beim Kastellan im inneren Schlosshofe links, Trinkgelder: ein Einzelner: 10 Sgr., mehrere Personen 1 Taler;
- Zellengefängnis: 3–6 Uhr, Anmeldung beim Direktor;
- Zinkguss-Fabrik von Geiss, Behrenstraße 32;
- Zoologischer Garten: täglich, Eintritt 5 Sgr.

Sonntag

- Altes und Neues Museum, alle Sammlungen: 12–2 Uhr, Eingang von der Freitreppe des Alten Museums;
- Wasserkünste in Sanssouci: 12–6 Uhr.

Der Schlüterhof des Stadtschlosses. Gemälde von Eduard Gaertner

Montag

- Altes und Neues Museum (alle Sammlungen, außer Kupferstich-Kabinett): 10–4 Uhr, im Winter 10–3 Uhr, Eingang von der Freitreppe des Alten Museums;
- Festungs-Modellhaus: 9–2 Uhr.

Dienstag

- Die Königlichen Museen: dienstags geschlossen;
- Ravenés Gemälde-Galerie: 10–1 Uhr, Meldung vorher;
- Schinkels Museum: 11–1 Uhr, Meldung vorher schriftlich;
- Zoologisches Museum in der Universität: 12–2 Uhr;
- Mineralien-Cabinet in der Universität: 2–4 Uhr;
- Taubstummen-Institut, Linienstraße 83–85: 10–12 Uhr;
- Wasserkünste in Sanssouci, Hauptfontäne: 11–6 Uhr;
- Borsigs Gewächshäuser in Moabit: nachmittags;
- Sing-Akademie: 5–7 Uhr.

Mittwoch

- Neues und Altes Museum (alle Sammlungen, außer Kupferstich-Kabinett): 10–4 Uhr, im Winter 10–3 Uhr, Eingang durch die Tür des Neuen Museums unter dem Übergangsbau;
- Anatomisches Museum in der Universität: 4–6, im Winter 2–4 Uhr;
- Blinden-Anstalt: 10–12 Uhr;
- Sternwarte: 9–11 Uhr vormittags;
- Zeughaus: 2–4 Uhr, gegen Karte von der Kommandantur;
- Zoologischer Garten: nachmittags von 2 Uhr ab, Eintritt für Erwachsene 2½ Sgr., für Kinder unter 10 Jahren 1 Sgr.

Donnerstag

- Neues und Altes Museum (alle Sammlungen, außer Kupferstich-Kabinett): 10–4 Uhr, im Winter 10–3 Uhr, Eingang durch die Tür des Neuen Museums unter dem Übergangsbau;
- Wageners Gemälde-Galerie: 10–1 Uhr, gegen Karte, welche im Kontor von Anhalt & Wagener, Brüderstraße 5 (auf dem Hofe), zu empfangen;
- Festungs-Modellhaus: 9–2 Uhr;
- Wasserkünste in Sanssouci, Hauptfontäne: 11–6 Uhr.

Freitag

- Neues und Altes Museum (alle Sammlungen, außer Kupferstich- Kabinett): 10–4 Uhr, im Winter 10–3 Uhr, Eingang durch die Tür des Neuen Museums unter dem Übergangsbau;

Buntes Treiben auf dem Boulevard Unter den Linden. Gemälde von Wilhelm Brücke d. J.

- Ravenés Gemälde-Galerie: 10–1 Uhr, Meldung vorher;
- Schinkels Museum: 11–1 Uhr, Meldung vorher schriftlich unter der Adresse: »An die Herren Kustoden des Beuth-Schinkel-Museums« beim Portier abzugeben;
- Zoologisches Museum in der Universität: 12–2 Uhr;
- Mineralien-Kabinett in der Universität: 2–4 Uhr;
- Borsigs Gewächshäuser in Moabit: nachmittags.

Sonnabend

- Altes und Neues Museum (alle Sammlungen, außer Kupferstich-Kabinett): 10–4 Uhr im Winter 10–3 Uhr, Eingang von der Freitreppe des Alten Museums;
- Anatomisches Museum in der Universität: 4–6 Uhr, im Winter 2–4 Uhr;
- Sternwarte: 9–11 Uhr vormittags;
- Zeughaus 2–4 Uhr, gegen Karte von der Kommandantur.

DER KÖNIGLICHE HOF UND DIE MINISTERIEN

Der königliche Hof

Der kgl. Hof und der gesamte Hofstaat residieren in Berlin. Das königliche Paar wohnt jedoch während der Sommermonate meist in Sanssouci bei Potsdam, im Herbst und einigen Wintermonaten im Schloss zu Charlottenburg. Der kgl. Hof ist evangelischer Religion und besteht aus folgenden Personen: Friedrich Wilhelm IV., König, geboren am 15. Oktober 1795, der seinem Vater Friedrich Wilhelm III. in der Regierung am 7. Juni 1840 folgte. Er ist vermählt mit Elisabeth Ludovika, Tochter des verstorbenen Königs Maximilian Joseph I. von Baiern.

Der Bruder des Königs, Friedrich Wilhelm Ludwig, Prinz von Preußen, hat anstelle des erkrankten Königs seit 1858 die Regentschaft übernommen. Er ist Generaloberst der Infanterie, Militärgouverneur in der Rheinprovinz und Provinz Westfalen, Gouverneur der Bundesfestung Mainz, vermählt mit Marie Luise Auguste Katharina, Tochter des verstorbenen Großherzogs Karl Friedrich von Sachsen-Weimar. Auch seine beiden in Berlin lebenden Brüder gehören dem Hofe an: Prinz Friedrich Carl Alexander von Preußen, General, sowie Friedrich Heinrich Albrecht Prinz von Preußen, General. Eine Handvoll Personen, die er schon aus seiner Kronprinzenzeit

Friedrich Wilhelm IV. in seinem Arbeitskabinett. Gemälde von Franz Krüger

kennt, gehören zum engeren Kreis um den König, welche ausnahmslos aus hohen höfischen oder militärischen Rängen stammen. Das Ohr des Königs besitzen in besonderem Maße Ernst Ludwig von Gerlach, Friedrich Carl von Savigny und Karl Ludwig von Haller.

Der offizielle Hofstaat des Königs besteht aus dem Ministerium des königlichen Hauses, Wilhelmstraße 73, und aus dem Geheimen Zivilkabinett, Leipziger Straße 56, sowie in Potsdam, Sanssouci-Allee 5.

Das **Ministerium des königlichen Hauses** hat alle Angelegenheiten der königlichen Familie und alle Hofsachen zu ordnen sowie auch den Kronschatz und die Fideikommissgüter des königlichen Hauses zu verwalten. Personen, die sich dem Könige vorstellen wollen, haben sich im kgl. Schloss beim Oberhof- und Hausmarschall Graf von Keller zu melden.

Das **Geheime Zivilkabinett**, das persönliche Büro des Königs von Preußen, hat den Geschäftsverkehr zwischen der preußischen Regierung und dem König abzuwickeln. Die zuständigen Staatssekretäre tragen die Berichte der Minister und des Ministerpräsidenten vor und holen die Unterschriften des Königs ein.

Ministerien der preußischen Regierung

Die jetzige Einrichtung der obersten Staatsbehörden wurde durch die Verfassung vom Jahr 1808 begründet, wonach das Staatsministerium in die Ministerien des Innern, der Finanzen, der Justiz, des Krieges und der auswärtigen Angelegenheiten geteilt wurde. Durch die politischen Veränderungen der letzten Jahre sind die einzelnen Ressorts der Staatsbehörden vermehrt worden:

- Staatsministerium, Wilhelmstraße 74;
- Ministerium der auswärtigen Angelegenheiten, erste und zweite Abteilung, Wilhelmstraße 76 und 61. Für Handel, Gewerbe und öffentliche Arbeiten, Wilhelmstraße 79 und Lindenstraße 47;

- der Justiz, Wilhelmstraße 65;
- der geistlichen, Unterrichts- und Medizinalangelegenheiten, Lindenstraße 4;
- des Innern, Unter den Linden 73, wird jetzt durch Ausbau des angrenzenden Hauses erweitert und soll dann auch das statistische Büro, noch Lindenstraße 32, aufnehmen;
- der Finanzen, Festungsgraben 1, ein Neubau wird unter Leitung des Baurats Bürde betrieben;
- des Krieges, Leipziger Straße 5–8 und Wilhelmstraße 81;
- für Landwirtschaftliche Angelegenheiten, Schützenstraße 26;
- für die Marine, Leipziger Straße 19.

Die Gesandtschaften und Residenturen

Nachfolgend die bei der preußischen Regierung akkreditierten Botschaften und Residenturen in alphabetischer Reihenfolge:

Amerika, Dorotheenstraße 54 – Anhaltische Fürstentümer, Wilhelmstraße 62 – Baden, Dorotheenstraße 52 – Baiern, Wilhelmstraße 66 – Belgien und Brasilien, Unter den Linden 78 – Braunschweig, Sommerstraße 2 – Dänemark, Dorotheenstraße 50 – England, Leipziger Straße 117 – Frankreich, Wilhelmstraße 63 – Griechenland, Wilhelmstraße 61, im Auswärtigen Ministerium – Hamburg, Bellevuestraße 16 – Hannover, Charlottenstraße 55 – Hessen und Hessen-Darmstadt, Wilhelmplatz 3 – Kurhessen, Wilhelmstraße 78 – Mecklenburg, Behrenstraße 71 – Neapel und Sizilien, Tiergartenstraße 21 – Niederlande, Unter den Linden 17 – Oldenburg, Sommerstraße 2 – Österreich, Behrenstraße 69 – Parma, Behrenstraße 60 – Portugal, Leipziger Platz 12 – Neuß, Wilhelmstraße 62 –

Blick auf das 1868 fertiggestellte Palais Strousberg (links) an der Ecke Wilhelmstraße, Unter den Linden

Russland, Unter den Linden 7, für Militärangelegenheiten, Dorotheenstraße 19, für Handel, Dorotheenstraße 57 – Sachsen, Wilhelmstraße 75 – Sächsische Herzogtümer, Wilhelmstraße 62 – Sardinien, Friedrichstraße 10 – Schwarzburg-Sondershausen und -Rudolstadt, Wilhelmstraße 62 – Schweden und Norwegen, Wilhelmstraße 70 – Sizilien, Tiergartenstraße 21 – Spanien, Behrenstraße 60 – Türkei, Lennéstraße 5 – Württemberg, Unter den Linden 75.

DAS HEER UND DIE GARNISON VON BERLIN

Das Heer

Die Friedensstärke des preußischen Heeres beträgt heute 123.828 Mann und 5541 Offiziere. Die Kriegsstärke 547.888 Mann, 45.000 Trainsoldaten und 10.150 Offiziere. Insgesamt also 603.038 Mann.

Die Organisation dieses großen Heeres beruht weitgehend auf den Reformen von 1814, als das Kriegsministerium und ein moderner Generalstab ins Leben gerufen wurden, die allgemeine Wehrpflicht eingeführt und die Landwehr mit 120.000 Mann gebildet wurde.

Um den Kampfgeist der Soldaten zu stärken, wurde zu jener Zeit die Prügelstrafe abgeschafft und der Anspruch auf Offiziersstellen in Friedenszeiten von Kenntnis und Bildung, in Kriegszeiten von Tapferkeit und Überblick abhängig gemacht. Auch aus bürgerlichen Schichten können heute Individuen auf hohe Stellen im Militär avancieren.

Durch einen jüngst eingebrachten Gesetzentwurf beabsichtigt die preußische Regierung, die Schlagkraft des Heeres zu erhöhen, indem die Zahl der jährlich eingezogenen Rekruten deutlich erhöht und die Dienstzeit auf drei Jahre verlängert wird. Um die 9 Millionen Taler an Mehrkosten dauert der Streit mit dem Abgeordnetenhaus an.

Garnison von Berlin

Bis in die Mitte des 18. Jahrhunderts war die Mehrzahl der Soldaten der Berliner Garnison in Bürgerquartieren untergebracht.

Der zunehmende Ärger der Bürger über die Zwangseinweisungen veranlasste Friedrich II., die ersten Kasernenanlagen in der Stadt zu errichten. Zwar wohnen noch heute Offiziere zahlreich in Privatwohnungen, doch für die Mehrzahl der 20.881 Angehörigen des Militärs (die Zahl von 1855 und darin die Familienmitglieder der Soldaten eingeschlossen) stehen auf dem Stadtgebiet von Berlin 17 Kasernen bereit.

Nachfolgend werden die wichtigsten Einrichtungen der Garnison vorgestellt.

Artillerie- und Ingenieurschule, Unter den Linden 74

Das Gebäude, von Schinkel erbaut und im Jahr 1823 fertiggestellt, war zur Aufnahme der zur Ausbildung von Artillerie- und Ingenieur-Offizieren im Jahr 1816 gegründeten Anstalt bestimmt.

Der Unterricht der Anwärter dauert drei Jahre und umfasst als wichtigste Gegenstände: die Lehre der Artillerie- und Befestigungskunst, des Land-, Wasser- und Maschinenbaus zu Kriegs- und militärischen Zwecken, der Taktik, der Mathematik, der Physik und Chemie, der deutschen und französischen Sprache, der Geographie und im Zeichnen. Zu den praktischen Übungen der Zöglinge gehören das Schießen und Werfen, das Exerzieren mit den Geschützen, die Handhabung der Maschinen, das Schätzen von Entfernungen sowie die Anlage der Batterien im Felde.

Exerzierhäuser

Sie dienen zu militärischen Übungen im Winter und sind meist in einfachem Stil errichtet, bieten aber den für die Übungen von Infanterie und Kavallerie notwendigen großen Raum. Die bedeutendsten sind:

- Exerzierhaus des Kaiser-Franz-Garde-Grenadier-Regiments in der Annenstraße 9;
- Exerzierhaus für das Kaiser-Alexander-Garde-Grenadier-Regiment vor dem Prenzlauer Tor (unterhalb des Windmühlenbergs);
- Exerzierhaus des 2. Garde-Füsilier-Regiments zu Fuß in der Karlstraße 12, welches schon bei mehreren Gelegenheiten, festlich dekoriert, als Speisesaal für bis zu 1200 Personen gedient hat.

Garnisonkirche, Neue Friedrichstraße 45–46

Die Garnisonkirche wurde unter dem ersten Könige von Preußen in der Nähe des damaligen Spandauer Tores erbaut und im Jahr 1703 eingeweiht.

Sie stand aber noch nicht 18 Jahre, als sie bei der Explosion des gegenüberliegenden Pulverturms bis auf die Grundmauern zerstört wurde. Friedrich Wilhelm I. ließ das heutige große, geräumige Gebäude ohne Turm erbauen. Die Kirche bildet ein längliches Viereck, hat acht Türen, über deren jeder man einen zur Sonne fliegenden schwarzen Adler erblickt.

Bis zum Jahr 1806 war das Gotteshaus mit vielen eroberten Fahnen und Siegeszeichen verziert, welche von der französischen Armee anlässlich der Besetzung Berlins entführt wurden und verlustig sind.

Blick auf die Garnison- und die Marienkirche. Gemälde von Eduard Gaertner

Gießhaus, Hinter dem Zeughaus

An der Stelle, an der schon im 16. Jahrhundert ein Gießhaus gestanden hatte, wurde das heutige von Andreas Schlüter im Jahr 1699 als gemauertes Haus errichtet. Dort wurde der Großteil der schweren Waffen der altpreußischen Armee hergestellt: 1272 Geschütze, Haubitzen und Mörser zwischen 1763 und 1786. Von großer Bedeutung war auch der Guss des Schlüter'schen Reiterstandbilds des großen Kurfürsten, das auf der Kurfürstenbrücke zu bewundern ist. Nach 108 Jahren, im Jahr 1806, wurde der Betrieb eingestellt, sodass sich das Haus nur von außen betrachten lässt.

Kadettenhaus, Neue Friedrichstraße 13

Das vom Großen Kurfürsten gestiftete Kadettencorps fand im Jahr 1712 im ehemaligen Hetzgarten, der an dieser Stelle betrieben wurde, eine Notunterkunft. Durch Georg Christian

Unger ließ Friedrich II. zwischen 1776 und 1779 das freundliche und großzügige Kadettenhaus in der Gestalt errichten, wie wir es heute noch antreffen. Besonders sehenswert sind hier: der Feldmarschallsaal im Hintergebäude, den die Bildnisse der Landesregenten schmücken, sowie die Bildnisse aller preußischen Feldmarschälle seit Derfflinger. Auch wird der von Blücher der Anstalt geschenkte, bei Jemappes 1815 erbeutete Degen Napoleons hier aufbewahrt. Bemerkenswert sind ferner die Bibliothek und die Kartensammlung.

Die Erlaubnis zur Besichtigung wird vom Chef der Anstalt erteilt, der im Nebengebäude, Nr. 14, anzutreffen ist.

Kasernen

Für die verschiedenen Truppenabteilungen der Garnison bestehen:

- 1. und 2. Bataillon des 2. Garde-Regiments, Friedrichstraße 107;
- 1. und 2. Bataillon des Kaiser Alexander-Garde-Grenadier-Regiments, Alexanderstraße 56;
- Bataillon des Kaiser Franz-Garde-Grenadier-Regiments, Commandantenstraße 79 ;
- Bataillon desselben Regiments, Neue Friedrichstraße 5;
- Füsilier-Bataillon desselben Regiments, Alexanderstraße 10;
- Garde-Artillerie zu Fuß, am Kupfergraben (diese größte Kaserne Berlins wurde im Jahr 1850 im unteren Stock neu ausgebaut);
- Garde-Schützen-Bataillon, Köpenickerstraße, unweit des Schlesischen Tors;
- Garde-Pionier-Abteilung, neben der vorigen, an der Spree gelegen;

- 8. (Leib-)Infanterie-Regiment, Lindenstraße (nahe dem Kammergericht);
- 8. (Leib-)Infanterie-Regiment, Linienstraße 36;
- Garde-Kürassier-Regiment, zwischen der Communication am Halleschen Tor und der Alexandrinenstraße;
- eine Escadron des Garde-du-Corps-Regiments, am Akademie-Gebäude, in der Dorotheenstraße (die übrigen Escadrons liegen in Potsdam und Charlottenburg);
- Reitende Garde-Artillerie, Friedrichstraße, am Oranienburger Tor;
- Füsilier-Bataillon des 2. Garde-Regiments, in der Karlsstraße, in einem geschmackvollen Stil erbaut, 1837 vollendet;
- Garde-Reserve-Regiment, 1. und 2. Bataillon und Füsilier-Bataillon des Kaiser Alexander-Grenadier-Regiments, Chausseestraße 76–78, vor dem Oranienburger Tore, in 3 imposanten Gebäuden;
- Garde-Ulanen-Regiment, neben dem Zellengefängnis bei Moabit, ein prächtiger, kastellartiger Bau mit Türmen und Zinnen, im Rundbogenstil 1845–1848 errichtet;
- Garde-Dragoner-Regiment, vor dem Halleschen Tor. Diese Kaserne wurde erst jüngst, im Jahr 1856 bezugsfertig.

Königswache, Unter den Linden

Neben dem Zeughaus befindet sich die Neue oder Königswache, im Jahr 1818 von Schinkel nach dem Modell eines römischen Castrums erbaut. Die Vorderseite ziert eine dorische Halle, über deren Säulen Viktorien schweben. Den Giebel füllen ideale Darstellungen des Krieges. Zu beiden Seiten stehen die Statuen der Helden Scharnhorst und Bülow.

Kriegsakademie, Burgstraße 19

Von General Scharnhorst 1810 gegründet und 1816 an dieser Stelle wiedereröffnet, werden hier nur Offiziere, die bereits drei Jahre unter preußischen oder anderen Bundestruppen gedient haben, aufgenommen. Von 1818 bis 1831 war der berühmte Militärtheoretiker Carl Philipp Gottlieb von Clausewitz der Direktor der Kriegsakademie.

Kriegsministerium, Leipziger Straße 5–7

Das im Jahr 1808 gebildete Ministerium erhielt zwischen 1845 und 1847 einen großartigen, palastähnlichen Bau, der um ein Stockwerk erhöht wurde. Das Ministerium gliedert sich in drei Abteilungen:

Die erste Abteilung umfasst drei Divisionen:

- das »Geheime Militärkabinett« und die Kriegskanzlei;
- Allgemeine Armeeangelegenheiten: Formationen der Truppen, Ersatz und Abgang, Unterkunft, Truppenübungen, Mobilmachung;
- Artillerie- und Ingenieurdepartement.

Die zweite Abteilung, das Militär-Ökonomie-Departement, hat vier Divisionen:

- Kassenwesen;
- Naturalverpflegung der Truppen;
- Bekleidung und Ausrüstung;
- Invalidenwesen.

Invalidenhaus, Invalidenstraße 47–50

Unter Friedrich II. im Jahr 1748 erbaut, um verstümmelte und zum Felddienst untaugliche Soldaten versorgen zu können.

Preußisches Kriegsministerium in der Leipziger Straße

Heute kann der Kommandant mit seinen 24 Offizieren 600 Mann aufnehmen und betreuen.

Das Hauptgebäude hat einen Vorhof und zwei Seitenflügel; im rechten befindet sich die 1749 eingeweihte katholische und im linken die 1748 eingeweihte evangelische Kirche. Auf dem Kirchhof an der Nordseite des Gebäudes befinden sich zahlreiche Denkmäler bedeutender preußischer Generale und Heerführer.

Im Park des Invalidenhauses findet sich das National-Krieger-Denkmal, in welchem 1854 die 38 Meter hohe **Invalidensäule** errichtet wurde, an deren Spitze ein Adler seine Flügel mit 8 Metern Spannweite spreizt. Mit dieser Säule will Friedrich Wilhelm IV. an die 20 während der revolutionären Märztage des Jahres 1848 gefallenen Soldaten erinnern. Der mächtige Sockel erhebt sich über dem Massengrab der gefallenen Soldaten.

Paraden

Finden meistens zur Zeit der Frühjahrs- und Herbstmanöver sowie bei besonderen Anlässen statt. Entweder nach der Aufstellung Unter den Linden, mit Vorbeimarsch vor der Statue des Feldmarschalls und Fürsten Blücher auf dem Platz am Opernhaus, oder auf der Ebene zwischen dem Kreuzberg und dem Dorf Tempelhof.

Tierarzneischule, Luisenstraße 56; zweiter Eingang: Tierarzneischulplatz 5

Die von Friedrich Wilhelm II. im Jahr 1789 gestiftete Einrichtung mit dem von Langhans erbauten schönen Anatomiegebäude erhielt 1840 durch Hofbaurat Hesse eine neue Fassade. Sie hat zur Bestimmung die Ausbildung geschickter Rossärzte für die Armee sowie von Tierärzten und tierärztlichen Beamten für das Land. Der Cursus dauert drei bzw. dreieinhalb Jahre. Die Krankenställe, das anatomische Museum, der physikalische Apparat usw. können nach vorheriger Anfrage täglich besichtigt werden. Kranke Pferde und Haustiere werden gegen Vergütung der Fütterung und Arzneien aufgenommen.

Zeughaus, An der Schlossbrücke, gegenüber dem Palais des Prinzen Friedrich Wilhelm

Das regelmäßig im Viereck erbaute schöne Gebäude, an jeder Seite 290 Fuß lang, wurde 1695 nach Nerings Plan im Bau begonnen und von de Bodt bis 1706 vollendet.

In der Vertiefung über dem Hauptportal prangt das von Hulot modellierte, in Erz gegossene Reliefbrustbild König Friedrichs I. An den Seiten des Hauptportals stehen 4 kolossale Sandsteinfiguren, ebenfalls von Hulot, Rechenkunst, Geome-

Parade vor dem Kronprinzenpalais. Gemälde von Wilhelm Brücke

trie, Mechanik und Feuerwerkskunst darstellend. Bedeutend: im Hofe, über den Fenstern, die »Schlüter'schen Masken«, Köpfe sterbender Krieger, ausgezeichnet durch den Ausdruck des Todeskampfes. In den Räumen des Zeughauses können 180 Geschütze mit Zubehör und 150.000 Stück verschiedenster Handwaffen platziert werden.

Im Jahr 1844 fand vom 15. August bis Ende Oktober in diesem Gebäude die große Gewerbeausstellung statt, eine Leistungsschau der deutschen Wirtschaft mit starker Beteiligung von Berliner Gewerbetreibenden. Produkte von 3040 Handwerkern und Fabrikanten wurden ausgestellt, darunter landwirtschaftliche Geräte, Textilwaren, Möbel und Porzellan sowie Produkte aus den Bereichen Chemie, Medizintechnik und Stahlverarbeitung. Erstmals wurde hier der Fortschritt der Technologie und der rationellen Fertigung im Fabrikbetrieb offensichtlich.

POLIZEI UND GEFÄNGNISSE

Die Polizei

Der Polizeipräsident Berlins hat seinen Sitz am Molkenmarkt 1 und ist unabhängig vom Magistrat von Berlin, er untersteht direkt dem König. Die Polizeibehörde ist in fünf Abteilungen organisiert.

- Die erste, die Präsidial-Abteilung, umfasst die Politische Polizei, die Sittenpolizei und das statistische Büro. Sie ist vorzüglich befasst mit allen Personal- und Etatsachen, der Kontrolle und Zensur von Theatern und Zeitungen, den Auswanderungsangelegenheiten und dem Armenwesen.
- Zur zweiten Abteilung gehören die Gewerbe- und Baupolizei, welche ebenfalls die Aufsicht über die Studenten, die Hospitäler, den Schifffahrtsverkehr, die Feuerwehr und die Straßen und Wege führt. Das öffentliche Fuhrwesen steht unter ihrer Beaufsichtigung, und von Zeit zu Zeit werden Revisionen der Gespanne abgehalten.
- Die dritte Abteilung befasst sich mit allen Justizsachen ohne strafrechtlichen Charakter.
- Die vierte Abteilung ist die Kriminalabteilung, welche die Ermittlungen in allen Berliner Kriminalfällen führt.
- Die fünfte Abteilung schließlich bildet das Einwohnermeldeamt, welches zuständig ist für alle Aufenthalts- und Passangelegenheiten und die Kontrolle der Gasthäuser.

Die Präsenz der Polizeibeamten auf den Straßen innerhalb Berlins wird organisiert von 29 Polizeirevieren unter jeweiliger Leitung eines Polizeileutnants. Diese Reviere sind die Zufluchtsorte für alle Gefährdeten.

Für die Ordnung auf den Wochenmärkten und dem Weihnachtsmarkt sorgt die eigenständige Marktpolizei, und für die nächtliche Sicherheit sorgt die Nachtwachtanstalt, die aus über das Stadtgebiet verstreuten Schutzmannposten und den von Nachtwachtmeistern beaufsichtigten Nachtwächtern besteht.

Schwere Verbrechen sind selten, die Zahl der Diebstähle aber erreicht jährlich fast die Zahl 5000, und auch andere kleinere Vergehen geschehen in nennenswerter Zahl, sodass 1859 über 19.000 Personen in Polizeigewahrsam und über 3000 in Isolierungsgewahrsam genommen werden mussten. Im gleichen Jahr sank die Zahl der Selbstmorde unter 120.

Zank und Schlägereien auf der Straße oder in den Schenken, die übrigens sehr selten vorkommen, werden sogleich durch Verhaftung der Streitenden beseitigt. Plötzlich eingetretene Mängel in der Straßenpflasterung oder -beleuchtung kommen zu schneller Kenntnisnahme der Polizeireviere. Hier laufen auch alle Feuermeldungen ein und werden per Telegraph an die Feuerwehr weitergegeben.

Strenge Verordnungen verbieten das zu schnelle Fahren und Reiten, das Spülen der Wäsche an den Straßenbrunnen, das Belästigen der Fußsteige beim Kleinmachen des Holzes, das Ausgießen von Unreinigkeiten, das Reiten und Karren auf den Fußsteigen und alle unnötigen Aufläufe. Bei allen Gelegenheiten, bei denen sich viele Menschen und/oder Fuhrwerke versammeln, sind Polizeibeamte zur Erhaltung der Ordnung gegenwärtig.

Zellengefängnis in Berlin-Moabit. Stahlstich von F. Foltz nach F. A. Borchel

Von besonderer Wichtigkeit für die Sanitätsverhältnisse ist die polizeiliche Kontrolle von Ärzten, Hebammen und Apothekern sowie die Aufsicht über die Lebensmittel.

Die Gefängnisse

Unter den Gefängnissen der Residenz sind die bedeutendsten:

- die Stadtvogtei mit den dazugehörigen Polizeigefängnissen, Molkenmarkt 2;
- das von Schinkel errichtete Militärarresthaus, Lindenstraße 36;
- und namentlich das Zellengefängnis unweit Moabit.

Im vergangenen Jahr 1859 büßten in diesen Gefängnissen 9459 Personen ihre Strafen ab und wurden 2515 Untersuchungsgefangene eingeliefert. Das Zellengefängnis ist eine Musteranstalt für 500 männliche Verbrecher im Alter von 14 bis 65

Jahren nach dem pennsylvanischen System. Das Institut, von Oberbaurat Busse aufgeführt, ist mit einer Mauer umgeben, an deren Ecken die Beamtenwohnungen errichtet sind. Im vorderen Teil befinden sich die Krankenzellen und die Hauptkirche, die mit streng gesonderten Kirchstühlen für die einzelnen Sträflinge versehen ist. Außerdem bestehen eine zweite Kirche und ein Schulgebäude mit drei Klassen für 90 Schüler.

An die Zentralhalle schließen sich strahlenartig die vier Flügel des Gebäudes an, welche in drei Geschossen die zur Einzelhaft angeordneten 508 Isolierzellen enthalten. Drei fächerartige Spazierhöfe dienen zur Erholung der Sträflinge. Im Hofe der Anstalt werden die zum Tode verurteilten Verbrecher hingerichtet.

EIN TAG AUF DEN STRASSEN DER HAUPTSTADT

Die Ersten, welche am frühen Morgen das Leben auf den Straßen Berlins erwecken, sind nächst den Bäckerburschen, welche den Kleinhändlern ihre Backwaren zuführen, die jungen Arbeiterinnen, welche in den Warenhandlungen und Werkstätten ihren Tageserwerb verdienen, und die Dienstmädchen, welche für ihre Herrschaft die ersten Gänge verrichten. Mit dem leichten behänden Schritt, der ihnen eigen ist, das Hütchen vornüber in die Augen gedrückt, ein Tuch um die Schultern geschlagen, eilen sie über die Gassen. Andere treten in Häubchen und leichtem Morgenkleide aus den Häusern, um ihre Einkäufe zu machen, und kehren dann nach Hause zurück, wo sie den Tag über allein oder im Dienst ihrer Herrschaft arbeiten. Fast alle dieser Mädchen entstammen den unteren Klassen, sind früh auf sich selbst angewiesen und haben vielleicht auch noch eine Mutter zu unterstützen. Viele haben ihre Eltern früh verloren oder wurden von denselben früh in die Welt hinausgeschickt und sich selbst überlassen.

Zu gleicher Zeit öffnen sich die Viktualienkeller, die wahren Lebensquellen des Proletariats, und die Tabakshändler, die ihre ersten Vierpfennig-Zigarren absetzen. Allmählich wird es lebhafter, und in den Straßen, welche den Marktplätzen und Toren nahe liegen, erscheinen zahlreiche Bauernwagen mit

Auf dem Wochenmarkt. Gemälde von Franziska Kobes

Feld- und Gartenfrüchten. Der Rauch aus den Schornsteinen verkündet, dass Kaffee gekocht wird. Die Fuhrleute mit ihren Einspännern und Bäuerinnen mit ihren Hundekarren beeilen sich, frische Milch in die Häuser zu liefern.

Gegen 7 Uhr lüften die Hausfrauen die Zimmer, die Rentiers rauchen ihre Morgenpfeife und die Stiefelputzer steigen zu den Chambregarnisten hinauf. Endlich öffnen die verschiedenen Kaufläden, die Kontordiener setzen sich an ihr Pult, die Handarbeiterinnen begeben sich unter die Herrschaft der Direktricen, die Lehrer wandeln würdevoll in die Klassen, umgeben von der einherziehenden Schuljugend, vom barhäuptigen Kommunalschüler mit Holzpantoffeln bis zum Primaner mit steifem Vatermörder.

Noch bewegter wird das Leben ab 8 Uhr, wenn die Handwerker ihre Rohmaterialien kaufen, ihre fertigen Erzeugnisse verschicken oder ihre Rechnungen einkassieren. Und nun gehen auch die Beamten in ihre Büros, gefolgt von ihren Frauen, die den inzwischen aufgebauten Markt besuchen. Die Anschlagsäulen werden mit Anzeigen aller Art beklebt, die Laufburschen, die Justizkommissarien, die Gerichtsboten geraten in Tätigkeit. Schließlich eilen die Schauspieler und Kammermusiker in die Probe, die Studenten schlendern nach den Hörsälen und die Kammerjungfern tauschen die Bücher in den Leihbibliotheken um.

Obwohl jeden Tag beinahe der achte Teil der Bevölkerung in Bewegung ist, etwa 50.000 Menschen, kennen viele Straßen kaum Verkehr. Dieser konzentriert sich Unter den Linden, in der Breiten Straße, der Königstraße, der Friedrich- und der Leipziger Straße.

Noch immer besitzt Berlin in allen Straßen sein mittelalterliches Kopfsteinpflaster mit den oft stinkenden Rinnsteinen. Weshalb selbst die Hauptstraßen der Stadt von den zahlreichen prächtigen Equipagen, wie sie in Paris und Wien nicht schöner zu finden sind, holpernd und lärmend durchfahren werden. Trottoirs sind nicht allenthalben, sondern nur in den vornehmeren Straßen zu finden, wo sie denn auch der Tummelplatz der eleganten Welt sind. Nur haben sie in Berlin zumeist die Unbequemlichkeit, dass nicht ganz zwei Menschen, sondern nur drei Beine nebeneinander darauf gehen können.

Die sonderbarsten und mannigfaltigsten Fuhrwerke kreuzen sich mit Droschken und Omnibussen, welch letztere elegant sind, aber langsam fahren, und wer ihrer gerade bedarf, hat gewöhnlich das Schicksal, ihnen zu begegnen, anstatt von ihnen eingeholt zu werden. Und durch dieses Gewoge drängen sich die klopfenden Scherenschleifer, die schreienden Höker mit ihren Karren und die Lastträger mit ihren Tragbahren.

Blick in die Parochialstraße, gut zu erkennen sind das Kopfsteinpflaster und der Rinnstein. Gemälde von Eduard Gaertner

Auffällig sind auch die Wagen der Brauer, die beim Umwenden stets in Konflikt mit anderen Fuhrwerken, mit Haustüren und Menschen, kurz mit der ganzen Straße geraten. Seltsam sind die sogenannten Doktorkutschen, mit einem Kutscher, der aussieht, als könnte er in dringenden Fällen selbst ein Rezept schreiben, deren Gangart der Pferde so eigentümlich ist, dass der Kranke ihren Trott schon aus der Ferne erkennt. Das bescheidenste Fuhrwerk in Aussehen und Schnelligkeit aber ist der Armenleichenwagen, der dumpf rollend die Abgeschiedenen zu ihrer letzten Ruhestätte fährt.

Und weil all die Fuhrwerke von Pferden gezogen werden, beträgt die Zahl der täglich in Berlin verkehrenden Pferde sicher mehr als 3000, weshalb den flinken Arbeitsburschen unser Dank abzustatten ist, denn sie, meist noch Kinder, sind es, die die Pferdeäpfel einsammeln und eine Behinderung des Verkehrs und eine Belästigung empfindsamer Nasen verhindern.

So steigert sich das öffentliche Treiben bis zur Mittagszeit, wenn Unter den Linden die Menge gemächlich an strahlenden Palästen vorüberschlendert oder sich ergötzt an Rauchs Marmor- und Bronzestatuen, an den Waren, welche hinter den hohen Spiegelscheiben zur Schau ausgestellt sind, und den Gemälden und Kupferstichen der Kunstläden. Dandys und Amazonen sprengen auf englischen Vollblutpferden vorüber, im scharfen Trabe fahren Equipagen mit Dienern und Kutschern in reichen Livreen dahin oder holen einen hohen Sterblichen aus einem der palastähnlichen Hotels. Immer wieder sausen königliche, vierspännige Karossen mit Vorreitern dahin. Und hören Sie, dort wird die Trommel gerührt, eine hüpfende Marschmelodie von klingenden Metallinstrumenten ertönt

Rückansicht der Häuser an der Schlossfreiheit. Gemälde von Eduard Gaertner

und die Wache zieht auf, worauf sich die Menge nach dem Platz am Zeughause drängt, um die zum Appell versammelten Offiziere in ihren schimmernden Uniformen zu bewundern.

Wie Unter den Linden herrscht auch in der Friedrichstraße der lebhafteste Verkehr von Fuhrwerken und Fußgängern und derselbe Glanz von Spiegeln und Bronzen an den Schaufenstern. Auch herrscht hier eine Mode, dass selbst das Pferd eines gemeinen Kärrners von Demut über seine plebejische Herkunft erfüllt wird, wenn die aristokratischen Karossen an ihm vorüberrumpeln. Eine ähnliche Lebhaftigkeit findet sich nur noch in der Leipziger Straße, der glänzendsten aller Querstraßen der Stadt. Auch mancherlei Gefahren bietet dieses Straßenleben, sei es durch fahrlässige Kutscher, betrunkene Bummler oder boshafte Straßenjungen. Überall aber sind Schutzleute postiert, die dafür Sorge tragen, dass alles recht ehrbar zugeht und schnell wieder Ordnung einkehrt.

Fehlt auch die arbeitende Mehrheit der Berliner des Tags über, so sind die Straßen dennoch voll von Leuten, welche vergnügenshalber hier leben und sich natürlich ihren Verhältnissen gemäß jede Art von Genuss verschaffen wollen. Auf den Straßen und an allen öffentlichen Orten begegnen uns diese Müßiggänger, die Tag für Tag ohne Zweck ins Blaue hinein leben. Diese Dandys frühstücken in ihren Hotels oder den Restaurationen. Andere, wie die Studenten, in den Weinstuben, noch andere – und dies sind jedenfalls diejenigen, welche bis zum Mittagstisch ihren Arbeiten obliegen müssen – zu Hause.

Während die Straßen am Nachmittag sich leeren und die jungen Leute auf der Terrasse des Kranzler ihre langen Beine unter den schmalen Tisch strecken, kehrt das Leben gegen Abend wieder lebhafter zurück. In der Straßenmitte jagen die Tilburys an den Equipagen des Adels und der Bourgeoisie vorüber und dazwischen, in einer Droschke, der Student mit seiner Grisette. Jeder sucht jetzt den besten Unterhaltungsort für die Nacht; zuerst die Theater und Konzerte, dann die ungezwungeneren Orte. Die Studenten und Grisetten die Restaurationen, die vornehmen jungen Löwen die Salons und Estaminets, die Bourgeoisie ihre häuslichen Zirkel. Sie tauchen ein in das eigentliche Leben der großen Stadt, oft bis zum Morgen, wo dann ein Bad in der Morgenkühle die Frische für den Tag zurückbringt.

Um 7 Uhr des Abends, es dämmert schon, beginnen in den Erdgeschossen die Luxusläden zu strahlen, ein Lichtermeer durch die hohen Spiegelscheiben der Schaufenster zu werfen. Während die Geschäftsleute und Arbeiter ihre Läden und Werkstätten verlassen, eilen die Musikanten in die Bierlokale, wo die soliden Junggesellen und die Jünglinge mit ihren

Liebchen für einen Silbergroschen ein langes musikalisches Programm genießen wollen. In den bairischen Bierstuben finden sich die Plauderer und Dominospieler ein, während der Weißbierbürger breitbeinig und balancierend wie ein Schiffskapitän nach seiner patriarchalischen Behausung wandelt. Verspätete Karossen jagen über das Pflaster nach der Oper oder nach den Soiréen, von denen eine die Primadonna gerade noch rechtzeitig hinter die Kulissen bringt. Plötzlich tönt die Glocke, und alle Wagen weichen aus, denn die Feuerwehr saust mit flammenden Fackeln vorüber.

Gegen 9 Uhr kehrt die Mehrzahl aus den Theatern und den anderen Vergnügungslokalen heim, gegen 10 Uhr erscheint der Wächter, der heute nicht mehr wie ein Turmwächter oder Schlossvogt aussieht, sondern wie ein echter Beamter. Mit den vorrückenden Stunden der Nacht wird es immer stiller, nur zuweilen rollt eine Nachtdroschke über das Pflaster und an einzelnen Orten versammeln sich die fingerfertigen Künstler und beraten, wo sie »Masematten« machen wollen. Allmählich sind fast alle Fenster dunkel geworden, nur aus manchem Lampenschimmern kann man schließen, dass hier noch Whist gespielt wird, dort ein Kranker bei karger Lampe wimmert oder ein armer Gelehrter nach Weisheit grübelt. Lange noch zuckt der Riese der Hauptstadt mit einzelnen Gliedern, ehe er der Natur den Sieg einräumen muss.

DAS FRÖHLICHE BERLIN

Durch die Krankheit des Königs und durch die Abwesenheit des königlichen Paares ist derzeit der Glanz des Hofes auf jene Festlichkeiten beschränkt, welche der Prinzregent, die Prinzessin von Preußen und Prinz Friedrich Wilhelm veranlassen. Der Fremde, dem es gestattet ist, den Hof zu besuchen, findet nicht mehr jene blendenden Feste wie vor dem Jahr 1848, zu welchen der ganze Adel der Provinz herbeiströmte. An jenen Festen sah man alle Größen der Aristokratie und der Kunst und Wissenschaft, unter Letzteren den Herrn Meyerbeer, der das Orchester des Theaters kommandierte. Unter den fürstlichen Persönlichkeiten glänzten vorzugsweise die schöne Prinzessin von Preußen, die sich hier ebenso liebenswürdig wie früher in Weimar zeigte, und die lebendige und redselige Prinzessin Albrecht, welche seitdem ganz von diesem Hofe verschwunden ist.

Unter den Prinzen zeichneten sich besonders der jetzige Prinzregent aus, damals die imponierendste Persönlichkeit, und der schöne Prinz August, der Bruder des genialen Ludwig Ferdinand. In diesem kleinen Kreise hörte man Tieck seine Meisterwerke vorlesen, den Grafen Redern das Piano spielen oder die Gräfin Rossi singen. In diesen vergangenen Tagen war der Hof der Mittelpunkt allen gesellschaftlichen Glanzes.

Den Glanzpunkt der Ballsaison bildet der Ball im kgl. Opernhaus, unter der Leitung des Generalintendanten. Das großartige Theater ist alsdann mit der Bühne, dem Konzertsaal und den anderen Räumen zu einem einzigen Ganzen umgestaltet. Diese Bälle sind gleichsam die Börse, auf welcher sich alles zur Schau stellt, was in Berlin auf Reichtum, Schönheit und Verschwendung Anspruch erheben kann. Weitere nennenswerte öffentliche Bälle, an welchen sich jedoch nur die höhere Klasse beteiligt, finden vorzugsweise im Kroll'schen Etablissement vor dem Brandenburger Tor statt.

Von den Gesandten gibt der Marquis de Moustier die meisten Feste, und sehr besucht sind außerdem die Abendgesellschaften des Grafen Benkendorff, der mit der Tochter des Prinzen Croy vermählt ist, jene des sardinischen Gesandten, dem Grafen Launay, und endlich die anziehenden Assembléen des Gesandten der nordamerikanischen Union.

Aus dem übrigen Berliner Gesellschaftsleben ist nichts Besonderes hervorzuheben. Die geistreichen Zirkel machen kein Aufsehen mehr, seitdem zwei der bedeutendsten Persönlichkeiten, die eine große Anziehungskraft ausgeübt hatten, gestorben sind.

Die schöne Therese von Bacheracht, die mit ihrer Freundin Fanny Lewald die bedeutendsten Geister um sich versammelte, ist aus dem heiteren Leben geschieden.

Den unersetzlichsten Verlust aber hat die geistreiche Geselligkeit durch den Tod Rahel Varnhagens und ihres Ehemanns Karl August erlitten, der eigentlichen Gründer der Berliner Salons. Hier sah man ehemals die Schlegel und Tieck, Humboldt, Steffens, Raumer, den Prinzen Ludwig Ferdinand, ja noch in der neuesten Zeit sah man hier alle Berühmtheiten und Repräsentanten der Literatur und Genialität.

Obgleich die Berliner Geselligkeit nach dieser Seite hin großen Verlust erlitten hat, fehlt es doch nicht an geschlossenen Gesellschaften, welche die Freude des geselligen Lebens durch die verschiedensten Stände der Hauptstadt verbreiten. Zu diesen geschlossenen Gesellschaften oder Ressourcen kann der Fremde leicht durch ein Mitglied eingeführt werden. Von ihnen die nennenswertesten sind:

- der gesellige Verein, Behrenstraße 43,
- die Theerbusch'sche Ressource, Oranienburger Straße 18,
- Urania, Kommandantenstraße 73,
- die Ressource der Börsenhalle, im Lustgarten,
- die Philharmonische Gesellschaft, am Festungsgraben 2,
- die Gesellschaft der Freunde, Neue Friedrichstraße 35 und
- der Brüderverein, Neue Friedrichstraße 21.

Den Zweck der Geselligkeit haben auch teilweise die Freimaurerlogen übernommen, zu denen gehören:

- die Große Landesloge, Oranienburger Straße 71,
- die Loge Zu den drei Weltkugeln, Splitgerbergasse 3 und
- die Loge Royal York, Dorotheenstraße 27.

Wobei die beiden Letzteren mit einem sehr schönen Garten versehen sind. Zu bestimmten Tagen der Woche werden zu den geselligen Zusammenkünften auch die Familien der Maurer und selbst Nichtmaurer zugelassen, wenn sie von einem Mitgliede eingeführt werden.

Der gemeine Berliner amüsiert sich meist in ganz solider Weise, mit großer Besonnenheit und Einfachheit. Im Winter ist man auf Theater und Konzerte beschränkt und schließt sich namentlich in Wintergärten ein. Verabreichen diese dem Publikum ein Konzert, so nehmen sie 2 Sgr. Entrée, in den minderen Etablissements auch nur einen Sgr. Oft fehlt der

Logenhaus der Loge Royal York zur Freundschaft in der Dorotheenstraße. Holzstich

musikalische Genuss, was aber niemals fehlt, das ist der undurchdringliche Tabaksqualm, dem die Damen des Mittelstandes mit einem wahren Heroismus zu trotzen wissen.

Auch die Eisbahnen im Tiergarten sind in den letzten Jahren sehr en vogue gekommen, seit sich die Berlinerinnen entschlossen haben, in holländischer und norwegischer Weise mit Freude und Sicherheit mit Schlittschuhen aufs Eis zu gehen. Ein vorzügliches Unternehmen, welches Berlin vor anderen Großstädten voraus hat, sind die innerhalb der Stadt gelegenen Anstalten zum Schlittschuhlaufen.

Was die Sommervergnügungen anbelangt, so gibt es nicht leicht eine Stadtbevölkerung, welche bescheidenere Ansprüche erhebt als jene der Berliner. Der Vornehme und Wohlhabende verlässt, wenn die Bäume grün werden, die Residenz, um in seiner Sommerwohnung die Landluft zu suchen, achtet dabei darauf, dass die Türme von Berlin in Sicht bleiben, denn weiter will er sich nicht versteigen. Frei von Sorgen, sieht er über all die kleinen Leiden des Landlebens hinweg. Manch einer träumt sich zum amerikanischen Pflanzer schon dadurch, dass er den Grünkohl und die Spargeln wachsen sieht, dass Aurora oder Eulalia, seine zarten Töchter, mit dem wellenschlagenden Florentiner auf den Locken unter den Runkelrüben umhersteigen oder Wilhelm oder Ludewig, seine kleinen hoffnungsvollen Söhnchen, in der großen märkischen Gottesnatur alle die Vorurteile vergessen lernen, welche ihnen in der Schule und durch Erziehung eingeprägt.

Bei genauerem Augenschein zeigen sich die Sommerwohnungen der Berliner oft nicht als idyllische Aufenthaltsorte, denn häufig liegt die Wohnung nahe an einer Straße, wo für hinreichenden Staub gesorgt ist, der der ganzen Familie ihren Anteil an Erdreich zukommen lässt und Bäume und Blumenbeete mit Mehlweiß überzieht. Und sonntags hat man die Annehmlichkeit der Scharen von Spaziergängern und der zahlreich vorüberfahrenden Karossen.

So würde im Sommer die Stadt ihren glänzenden Charakter völlig verlieren, wenn nicht die durchreisenden Fremden noch einiges Leben hervorbrächten. Und wenn da nicht die durch Dienst gebundenen und die ärmeren Bürger wären, die keine Frische außerhalb der Stadt aufsuchen können, die sich nur in die Schatten des Tiergartens oder an die kühlen Ufer der Spree flüchten können. An den Sonntagsnachmittagen strömt dann die Menge zu allen Toren hinaus, um die mit Gärten verbundenen Vergnügungslokale aufzusuchen. Die Wohlhabenderen besuchen Krolls Garten, den Hofjäger, den Moritz- oder Albrechtshof. Den Ärmeren dagegen bleiben nur jene sogenannten Gärten, die aus ein paar verkrüppelten Bäumchen bestehen, wo die Frau den mitgenommenen Kaffee kocht und der Mann sein Glas Weißbier trinkt.

Die Kirchenfeste, Ostern, Pfingsten und Weihnachten werden durch zweitägigen Gottesdienst, zum Teil durch Musik, in allen Kirchen gefeiert. Am 11. Dezember schießt der Weihnachtsmarkt wie durch einen Zauberschlag empor, und mit der letzten Woche vor dem Fest gewinnt er ein erhöhtes Leben, wie sich überhaupt der Geschäftsverkehr in dieser Zeit unglaublich steigert. Selbst Regen und Schnee, schlechtes und unerfreuliches Wetter, auch strenge Kälte können die Jugend wie das Alter nicht vertreiben. Haben sich aber frische und anmutige Wintertage eingefunden, so ist dieser Sammelplatz aller Stände und Alter das Fröhlichste, was der heitere Sinn nur sehen und genießen kann.

Die Weihnachtstage selbst verbringt der Berliner gerne im Kreise seiner Familie, wo zur Zeit der Bescherung im wohlhabenden Haus ein reich geschmückter Weihnachtsbaum, bei ärmeren Leuten die wenigen Kerzen einer Pyramide leuchten. Der Silvesterabend ist in Berlin vorzugsweise dazu bestimmt, sich an Pfannkuchen und großen Quantitäten Punsch zu erlaben. Zu Pfingsten bieten die wohlfeilen Extrazüge Gelegenheit zu Ausflügen in nahe und entferntere Gegenden.

Was die eigentlichen Volksfeste anbelangt, so vermag der Berliner nicht jene Gemütlichkeit zu erlangen, die man in Süddeutschland fast überall antrifft. Daher tritt an den Festen der unteren Klasse oft eine Ausgelassenheit an den Tag, die sich nur durch unmäßiges Essen und Trinken, im Singen nicht sehr zarter Lieder und nicht selten in Raufereien offenbart. Eine geschichtliche Grundlage haben nur das Freischießen und der Stralauer Fischzug.

Das **Freischießen** auf dem Berliner Schützenplatz, schon stark im Rückgang begriffen, erinnert an die Institution der alten Bogenschützen des Mittelalters, die dem Schutze der Städte dienten. Mit dem Berliner Schützenplatz ist seit Jahrhunderten ein Markt verbunden, auf dem alles dargeboten wird, was die Begierden des gemeinen Mannes anregen kann. Das Bild des bewegten Volkslebens, von der Anhöhe neben dem Schützenhaus aus betrachtet, bietet einen interessanten Anblick. Das Volk jeden Alters und Geschlechts geht seinen Vergnügungen nach, während die Büchsen der Schützen dazwischen knallen und die Musik in rauschenden Tönen jeden wohlgezielten Schuss feiert.

Beim **Stralauer Fischzug** erinnern sich die Berliner seit alten Zeiten an die Unterwerfung des Wendenfürsten von Stralow durch Albrecht den Bären. Das Fest besteht in einem feierlichen Fischzuge, der seinen Weg im Morgengrauen unter Pauken und Trompetenschall vom Oberbaum zur Stralauer Kirche nimmt. Ebenfalls bei Tagesanbruch begeben sich die ersten Berliner, meist aus niederen Volksklassen, nach dem Dorfe Stralau und lagern sich vorzugsweise auf dem dortigen Kirchplatz, um sich an dem mitgebrachten Essen und Trinken zu laben. Nachmittags vermehrt sich die Volksmenge durch zahlreichen Zuzug zu Pferde und Wagen. Gegen Abend wird die Lustigkeit so laut, dass sich der stille Beobachter von dem Lärm, der gefährlich werden kann, nur zurückziehen kann.

Einige Korporationsfeste wie das Fliegenfest, das Mottenfest usw. haben sich in größerer Teilnahme beim Volke erhalten. Den erwähnten Festen hat sich seit 1829 das Pferderennen angeschlossen. Diese Lustbarkeit bezweckt die Veredlung und Vervollkommnung der inländischen Pferdezucht. Der Hof, der

Die Rückkehr vom Stralauer Fischzug. Holzstich von Theodor Hosemann

hohe Adel und die dabei interessierten Privatpersonen nehmen einen lebhaften Anteil daran, das Volk verhält sich dabei natürlich nur zuschauend. Zur Zeit des Wettrennens wimmelt die Straße nach Tempelhof von Wagen aller Art, von herrschaftlichen Reitpferden und Mietgäulen und einer Unzahl von Fußgängern, darunter Frauen, Kindermädchen, die künftige Generation an der Hand leitend, bummelnden Söhnen tugendhafter Eltern, auch jene Sportsmen, die den Musengaul reiten oder die seidene Trense mit der Nadel führen.

In den letzten Jahren hat man die alten Volksfeste durch neue zu ersetzen gesucht. Die Bierwirte nämlich verkündigen durch ellenlange Plakate und scherzhafte Insertionen Feuerwerke, Illuminationen, gute Konzerte und humoristische Aufzüge, die gewöhnlich den Weg nach der Hasenheide oder in die Schönhauser Allee weisen sollen.

DAS LASTERHAFTE NACHTLEBEN

Das Hasardspiel

Obwohl das Hasardspiel in Berlin verboten ist, findet es in der Stadt zahlreiche Anhänger. Selbst in manch nobler Restauration treffen sich jene jungen Leute, welche am Abend nichts Besseres zu tun wissen, um in besonderen Zimmern ihrer Leidenschaft zu frönen. Der Kellner bringt ein Spiel Karten und stellt sich bewachend an die Türe. Ein Bankhalter findet sich immer, der verschwindet, sobald er die unerfahrenen Spieler ausgebeutet hat.

Daneben gibt es Orte, wo das Spiel regelmäßig betrieben wird, meist Restaurationen zweiten Ranges und kleine Wirtschaften, die in Berlin aller Welt bekannt sind. Das Geheimnis derselben pflanzt sich wahrscheinlich durch Traditionen in den Wein- und Bierstuben fort, wahrscheinlicher noch durch die Barbiere und Stiefelputzer.

Die Prostitution

Auch die neu aufgekommenen Tanzlokale, in denen sich bevorzugt Berlins Dandys und Bonvivants sowie manches Mitglied der lebenslustigen Jugend des Mittelstandes abends und nachts herumtreiben, sind nicht sehr empfehlenswert. Zu ihnen kann eine anständige Frau oder ein Mädchen nicht

Berlin: Keller und im ersten Stock

mitgenommen werden. In diese Klasse gehören die Balllokale der Friedrichstädtischen Halle, der Musenhalle, des neuen Kolosseums, der Walhalla und des Orpheums. Letzteres, in der Tiergartenstraße 22 gelegen, ist ein mit höchster Eleganz eingerichtetes Etablissement. Von den einschlägigen Lokalen vor dem Rosenthaler Tor haben das ehemalige Universum und das frühere Elysium, jetzt Borussia, einen frischen Aufschwung genommen.

Hier suchen die vornehmen jungen Leute zuweilen mit Frauen und jungen Mädchen ihr Vergnügen und erhalten auf Verlangen ein besonderes Gemach eingeräumt. Aber nicht nur einzelne Paare, sondern ganze Gesellschaften suchen an diesen Orten ihr Vergnügen. Je reicher und vornehmer die gastfreien Herren sind, in desto wüstere und gemeinere Orgien arten die Zusammenkünfte aus, oft mit Mädchen, die das vierzehnte Jahr noch nicht erreicht haben.

In großer Zahl finden sich in diesen Restaurationen auch die Dirnen ein, auf der Suche nach einem Freier, oder Frauen aus dem arbeitenden Stand, welche hier ihr heimliches Vergnügen suchen. Dass sie den Zweck ihres traurigen Erwerbszweiges befriedigen können, verwundert, ob ihrer oft bleichen und verkümmerten Gesichter. Unter den Männern befinden sich Leute, welche gleich den Frauen die unterste Stufe der Gesellschaft erreicht haben, Leute, die nicht selten an diesem Ort mit ihren Genossen zusammentreffen, um Gelegenheiten für ihre Verbrechen zu beratschlagen, zu denen die Not und der Mangel besserer Bildung sie verführen.

Viele der niedrigen Tanzlokale haben Spitznamen mit volkstümlichem Klang, wie der Schmorkopf, die Spalte oder der Schiddelkopf. Dort bewegen sich die tanzenden Paare auf engstem Raum in Staub- und Tabakswolken eingehüllt und bei unangenehmen Gerüchen. Mädchen bedienen in Toiletten, die kaum ihre Blößen bedecken, mit dünnem Tuch den Busen und Nacken notdürftig verdeckt.

In der Gegend dieser Lokale sind die Wege bei Abend nicht ganz sicher, und immer wieder hört man von Gewalttätigkeiten, welche manchmal an hilflosen Frauen, die auf der Heimkehr begriffen sind, verübt werden. Von Zeit zu Zeit macht die Polizei an diesen Versammlungsorten einen nachdrücklichen Besuch, was von besonderer Wichtigkeit ist für die Sittlichkeit und die Sanitätsverhältnisse der Stadt.

Das fleischliche Vergnügen hat sich in Berlin jedoch auch in manchen Straßen verbreitet, seit die preußische Regierung 1846 die 52 Bordelle in der berüchtigten Gasse »An der Königsmauer«, unweit der Klosterstraße, hat schließen lassen. Mit dieser Maßnahme versuchten Polizeipräsidium und Magistrat,

Berliner Polkakneipe mit Damenbedienung

die sichtbare Prostitution zu unterbinden, das Verbot verfehlte jedoch seine Wirkung. Einerseits, weil die Prostituierten zahlreich ihr Gewerbe auf die Straßen der Stadt verlegten. Andererseits dadurch, dass bestimmte Klassen von Dirnen vom Verbot nicht getroffen wurden, darunter die Stubendirnen, die Absteigedirnen, die Schank- und Bierdirnen, die Badedirnen sowie die Gelegenheitsdirnen. Ganz zu schweigen von den Maitressen der besseren Klassen.

Trotz strenger gesetzlicher Auflagen hat mit der steigenden Einwohnerzahl auch die Zahl der Frauen beständig zugenommen, die von gewerblichen Liebesdiensten leben. Waren im Jahr 1835 gerade einmal 1500 Dirnen registriert, so liegt ihre Zahl gegenwärtig gewiss bei 10.000 bis 12.000.

Die Liebesseuche

Die Prostitution ist auf das Engste mit der Syphilis verwachsen, ja die Lustdirnen bilden die besten Transporteure für das venerische Gift. Für ihre Bekämpfung ist die Charité auf das Beste eingerichtet, und die meisten Ärzte sind in ihrer Behandlung unterwiesen. Seit dem Jahr 1840 werden dort, auf einer besonderen Station für Syphilitische, durchschnittlich 1000 bis 1500 Kranke je Jahr aufgenommen. Außerdem wird eine noch viel größere Menge in anderen Anstalten oder in den Privatwohnungen behandelt, deren Anzahl nicht festzustellen ist, aber gewiss das Sechsfache der in die Charité gekommenen beträgt, sodass jährlich wenigstens 10.000 syphilitische Erkrankungen in Berlin anzunehmen sind.

Der weiteren Ausbreitung soll durch strenge Vorschriften Einhalt geboten werden. So wird jedes Individuum, das mit der Syphilis behaftet ist und nach der Charité kommt, genau befragt, von wem es angesteckt worden ist. Die Aussagen werden der Berliner Polizei zugefertigt, die sogleich die gehörigen Nachforschungen anstellt, um jene Dirne oder jenen Mann ausfindig zu machen, von welchen die Ansteckung ausging. Stellen sie sich als venerisch heraus, werden auch sie in die Charité überstellt.

Ein wirksames Heilmittel ist nicht bekannt, denn das früher eingesetzte Quecksilber hat sich als wirkungslos herausgestellt, ja konnte früher oder später zum Tod führen. Einige Opfer versterben an der Krankheit, die anderen benötigen durchschnittlich 4 Wochen für die Genesung. Wobei viele Erkrankte für den Rest ihres Lebens durch Geschwüre und Narben gezeichnet sind und im Spätstadium bei vielen Demenz ausbricht.

SCHLÖSSER UND PALAIS

Unter den öffentlichen Gebäuden sind zuvorderst zu nennen die königlichen Schlösser:

Das **königliche Schloss** ist für den Berliner der Mittelpunkt der wichtigsten historischen und politischen Erinnerungen. Hier wurden Feste und Turniere, Vermählungen und Taufen gefeiert und des zweiten Friedrichs große Siege bejubelt. Hier wohnte Napoleon, und auf seiner Lustgartenseite wurde dem König Friedrich Wilhelm IV. gehuldigt.

Das Schloss imponiert sowohl durch erhabene Großartigkeit wie durch einfache Pracht. Die schöne Fassade an der Wasserseite mit Erkern und Türmen, der ältere Teil des Schlosses, erinnert an die romantische Ritterzeit. Einige Teile des Neubaus des Jahres 1538 sind auf uns gekommen, der später durch die Einrichtung der Hofapotheke ergänzt wurde. In der Wasserkunst, dem späteren Münzturm, wurde das Wasser aus der Spree gehoben und von dort in das Schloss geleitet.

Nachdem der Dreißigjährige Krieg beendigt war, ging der Baumeister Memhardt daran, einen großen Teil des baufällig gewordenen äußeren Schlosshofes zu erneuern und das obere Schlosstor nach dorischer Ordnung zu errichten. Seit 1699 dann wurde von dem berühmten Schlüter, seit 1706 von Eosander von Göthe das Schloss in seiner jetzigen Gestalt vollendet. Es hat fünf Portale und vier Höfe. Friedrich Wilhelm I. ließ an der neuen Werder'schen Mühle ein Druckwerk anle-

Blick auf die Lange Brücke, das Stadtschloss und das Reiterstandbild des Großen Kurfürsten. Holzstich

gen, wodurch das Wasser 102 Fuß hoch in drei große Behälter und dann weiter in alle Bereiche des Schlosses geleitet werden konnte.

Er ließ ferner den Weißen Saal anlegen und für den Rittersaal einen Balkon. Zuletzt ließ Friedrich Wilhelm IV. das Schloss mit der Schlosskapelle und der über ihr aufsteigenden Kuppel schmücken, deren Höhe vom Erdboden bis zur Kreuzspitze 225 Fuß beträgt. Für den Besucher ist bedauerlich, dass die geringe Breite der Schlossfreiheit den günstigsten Standpunkt für den Beschauer beschneidet. Auf der Lustgartenseite wird das vierte Portal von den beiden trefflichen Rossebändigern geziert.

Die Gemächer, welche das Königspaar jetzt bewohnt, liegen nach dem Schlossplatze und der Wasserseite hinaus und wurden schon von Friedrich dem Großen bewohnt.

Das Grüne Zimmer im Stadtschloss. Gemälde von Eduard Gaertner

Das Innere des Schlosses kann man nach Meldung beim Kastellan (im inneren Schlosshof, rechts eine Treppe hoch) besichtigen. Der Führer durch die verschiedenen Abteilungen erhält 7½ bis 10 Sgr. Trinkgeld. In allen Zimmern findet man ein Verzeichnis der Gemälde und Skulpturen.

Das **königliche Lustschloss Monbijou** nebst schönem Garten ist am Ende der Oranienburger Straße und an der Spree gelegen. Einen an dieser Stelle befindlichen Garten ließ der Große Kurfürst nach dem Westfälischen Frieden wiederherstellen, und seine erste Gemahlin, Luise von Nassau-Oranien, legte hier eine Meierei an. Die Gemahlin König Friedrich Wilhelms I., Sophia Dorothea, bewohnte das indessen von Eosander, Freiherr von Göthe, im Garten erbaute Sommerschloss und nannte es Monbijou. 1717 logierte Peter der Große daselbst. Nach dem Tode der Königin schenkte König Friedrich Wilhelm II. im Jahr 1787 die Besitzung seiner Gemahlin Friede-

Das Chinesische Zimmer im Stadtschloss. Gemälde von Eduard Gaertner

rike Luise und ließ die beiden Vordergebäude erbauen, welche unter der Regierung König Friedrich Wilhelms III. der Herzog Carl von Mecklenburg-Strelitz, Bruder der Königin Luise, bis zu seinem Tode bewohnte. Später wurden die Vordergebäude vom Prinzen Adalbert bis zu seinem Umzuge nach dem Admiralitätsgebäude bewohnt. In einem Teil des in einem schönen Garten liegenden Schlosses befand sich das Ägyptische Museum, bis zu der jüngst erfolgten Versetzung desselben in das Neue Museum. Der Besuch des im englischen Geschmack angelegten Parks mit seinen schattigen Baumgängen ist dem Publikum bis zum Sonnenuntergang gestattet.

Im Tiergarten an der Spree gelegen, gehörte das **Schloss Bellevue** früher dem Prinzen Ferdinand, Bruder Friedrichs des Großen, später dem 1843 verstorbenen Prinzen August von Preußen. Die vor dem Schloss aufgestellte Kanone, »le drôle« genannt, wurde mit 15 anderen Geschützen den Franzosen in der Leipziger Schlacht abgenommen und vom König Friedrich Wilhelm III. dem Prinzen zum Geschenk gemacht. Ein schöner Park und Garten breitet sich hinter dem Schlosse zwischen der Spree und dem nach Moabit führenden Wege aus, der während der Tageszeit dem Publikum geöffnet ist. In ihm ist noch immer die ehemalige Meierei des Architekten Knobelsdorff zu sehen.

Paläste und Palastähnliche Gebäude

Unter den vielen Palästen und palastähnlichen Gebäuden führen wir nur die wichtigsten an:

Palais S. K. H. des Prinzregenten, Unter den Linden 37, ist in den Jahren 1834 bis 1837 nach Angabe und unter Leitung des Ober-Baurats Langhans erbaut worden. Es erstreckt sich von den Linden bis an die Behrenstraße hinter der kgl. Bibliothek. Die Baumaterialien wurden nur aus dem Vaterlande genommen, so wie die innere Ausschmückung nur von vaterländischen Künstlern ausgeführt wurde. Die Wappenschilder und Statuen des Gesimses sind von Feilner aus gebranntem Ton gefertigt, die Adler auf den Ecken nach Wichmanns Modellen in Gusseisen ausgeführt. Das Palais, welches zwei Höfe umschließt, hat einen Winter- und Sommergarten. Das prächtige und geschmackvolle Innere enthält eine Reihe von Sälen und ein Gesellschaftslokal von 220 Fuß Länge.

Palais S. K. H. des Prinzen Friedrich Wilhelm, dem Zeughause gegenüber, wurde von dem Baumeister Nering für den berühmten Feldmarschall von Schomberg erbaut, nach welchem es in die Hände des Feldmarschalls und Gouverneurs von Berlin, Reichsgraf von Wartensleben, kam. Nach der Verlegung des Gouvernementshauses in die Königstraße erhielt

Blick auf das Palais des Prinzregenten und die dahinterliegende Königliche Bibliothek. Stahlstich von Riegel nach C. Würbs

das Palais der damalige Kronprinz (nachheriger König Friedrich II.) zur Wohnung, der es nach seinem Regierungsantritt seinem Bruder August Wilhelm schenkte. 1793 wurde das Gebäude für Friedrich Wilhelm III., dem damaligen Kronprinzen, und seine Gemahlin neu eingerichtet und später durch einen Bogengang mit dem Prinzessinnen-Palais verbunden. Auch als König bewohnte Friedrich Wilhelm III. es bis zu seinem Tode. In den Jahren 1856 bis 1858 wurde durch Hofrat Strack ein Umbau vorgenommen und ein Stockwerk aufgesetzt. Seit seiner Vermählung mit der Prinzessin Victoria von Großbritannien wird es vom Prinzen Friedrich Wilhelm bewohnt. Die innere geschmackvolle und prächtige Einrichtung wird während der Abwesenheit der hohen Herrschaften gezeigt.

Palais S. K. H. des Prinzen Carl, am Wilhelmsplatz, das frühere Palais des St. Johanniter-Ordens, wurde im Jahr 1737

Das Schlafzimmer des Kronprinzenpaares. Aquarell von Friedrich Wilhelm Klose

erbaut und 1827 bis 1828 unter Schinkels Leitung zum Wohnsitz für den Prinzen Carl umgeschaffen und geschmackvoll im Innern eingerichtet. Sehenswert ist im unteren Stock die Waffenhalle. Hier befinden sich auch der Kaiserstuhl, welcher früher im Dom zu Goslar aufbewahrt wurde. Wegen der Besichtigung hat man sich an den Haushofmeister, Wilhelmsplatz 8, zu wenden.

Palais S. K. H. des Prinzen Albrecht, Wilhelmstraße 102, dem Ausgang der Kochstraße gegenüber, ließ 1735 der französische Emigrant Baron von Vernezobre erbauen. 1772 wurde es von Friedrich II. seiner Schwester, der Prinzessin Amalie, geschenkt und nach deren Tod zur Aufnahme der Luisenstiftung bestimmt. 1830 erworben und nach Schinkels Entwürfen für seine jetzige Bestimmung umgebaut, ist es im Innern prächtig eingerichtet. Ein Säulengang trennt den mit Orangerien geschmückten Vorplatz von der Straße. Im großen

Prinz-Albrecht-Palais in der Friedrichstadt

Garten hinter dem Palais sind Pferdeställe und eine Meierei eingerichtet. Zur Besichtigung meldet man sich beim Haushofmeister im Palais.

Außer den vorstehend genannten sind noch folgende königliche und fürstliche Paläste als ausgezeichnete Gebäude bemerkenswert. Die Palais

- des Prinzen Friedrich, Wilhelmstraße 72;
- des Prinzen Adalbert, Leipziger Platz 11, neu aufgeführt in den Jahren 1853–1854;
- der Niederlande, Unter den Linden 36;
- der Fürstin von Liegnitz, neben dem Palais des Prinzen Friedrich Wilhelm;
- des Fürsten Radziwill, Wilhelmstraße 77;
- des Kaisers von Russland, Unter den Linden;
- des Grafen von Redern, am Brandenburger Tor;

Blick auf die Nikolaikirche, links ist das Ephraimpalais zu sehen. Gemälde von Eduard Gaertner

Weitere bemerkenswerte Gebäude sind:

- die neuen Packhofsgebäude, von Schinkel errichtet, hinter dem Museum;
- die Sternwarte in der Lindenstraße, ebenfalls von Schinkel 1835 erbaut;
- das Kriegsministerium, in der Leipziger Straße;
- das Gewerbeinstitut und das Lagerhaus, mit dem Atelier des verstorbenen Rauch, in der Klosterstraße;

- das Polizeipräsidium und die Stadtvogtei, am Molkenmarkt;
- das Stadtgerichtsgebäude, Ecke der König- und Jüdenstraße;
- die königlichen Postgebäude, das ehemalige Grumbkow'sche Palais, in der König- und Spandauer Straße, mit fünf Höfen;
- die königliche Hauptmünze, am Werder'schen Markt;
- die Gebäude der königlichen Bank und Seehandlung, in der Jägerstraße;
- die Porzellanmanufaktur und das ehemalige Hardenberg'sche Palais in der Leipziger Straße.

Unter den privaten Palais stechen heraus:

- Podewils'sches Palais, 1701–1704 nach Plänen Jean de Bodts erbaut, kam 1732 in den Besitz von Heinrich Graf von Podewils, Staatsminister für Auswärtiges im Kabinett des Soldatenkönigs und Minister unter Friedrich II.;
- Knoblauchhaus, zwischen 1759 und 1761 durch den Heereslieferanten Knoblauch errichtet und seitdem im Besitz der Familie;
- Ephraimpalais, von Dieterichs 1762–1769 für den Bankier und Münzpächter Veitel Heine Ephraim als vierstöckiger Palast errichtet.

DIE KIRCHEN BERLINS

Die Bevölkerung Berlins ist zum größten Teil evangelisch, darunter auch der König und seine Familie. Von den anderen Konfessionen umfassen die Katholiken 15.000 Gläubige, die Juden 28.000, Lutheraner 1600, 300 Irvingianer, 150 Baptisten und 50 Griechen. Von den 43 Kirchen der Hauptstadt, die den Gläubigen zu ihrem Gottesdienste dienen, werden nachfolgend nur die zu den ehemaligen Residenzstädten Berlin, Kölln, Friedrichswerder und Dorotheenstadt gehörenden genannt. Andere werden, durch ihre große Zahl, beiseitegelassen.

An erster Stelle zu nennen ist die neue Domkirche, die Friedrich Wilhelm II. im Jahr 1750 im Lustgarten errichten ließ, nachdem die alte **Domkirche** auf dem Schlossplatz abgebrochen war. Sie wurde im Jahr 1817 nach Schinkels Plan von außen und 1821 innen umgestaltet. Neben dem großen Turme stehen zwei kleinere von gleicher Form, auf beiden Seiten des Portals befinden sich zwei Engel, von Tieck modelliert und von Werner und Neffe in Kupfer getrieben. Die Länge der Kirche beträgt 330, ihre Breite 134 Fuß.

Die gewölbte Decke im Innern wird durch zwei Reihen korinthischer Säulen getragen und ist mit gemalten Rosetten verziert. Zu dem reich geschmückten Altar, der durch ein bronzenes Gitter abgeschlossen ist, führen sechs weiße Marmorstufen. In diesem Gitter stehen die zwölf Apostel nach den berühmten Statuen Peter Vischers an Sebaldus' Grab in Nürn-

Blick auf die Domkirche. Stahlstich von Johann Poppel

berg. Das Altarbild von Begas stellt die Ergießung des Heiligen Geistes vor. Die Orgel gehört zu den wohlklingendsten, die man in Berlin hören kann.

Auf dem rechten Ufer der Spree stehen die vier ältesten Kirchen Berlins, darunter die **Marienkirche**, die zu den schönsten Kirchen der Hauptstadt gehört und erstmals um das Jahr 1294 erwähnt wird. Ihren 286 Fuß hohen Turm erbaute Langhans. Das Innere der Kirche erhält sein Licht von hohen Bogenfenstern und besteht aus einem Hauptschiff mit dem Chor und aus zwei schmaleren, aber gleich hoch gewölbten Seitenschiffen. Im Jahr 1818 wurde die Kirche durch den Stadtbaurat Langerhans renoviert, die altertümliche Pracht aber beibehalten, zu der der Taufstein aus Erz beiträgt. Nicht minder alt und merkwürdig ist das steinerne Kreuz am Eingang, welches die Bürger von Kölln und Berlin im Jahr 1355 haben setzen lassen.

Der Neue Markt mit der Marienkirche. Gemälde von Johann Heinrich Hintze

Das Graue Kloster bei der ehemaligen Franziskanerklosterkirche

Die **Klosterkirche**, in der Klosterstraße 73 und 74, gehört zu den merkwürdigsten Denkmälern altdeutscher Baukunst in Berlin. Im Innern ist seit dem 13. Jahrhundert wenig verändert worden, nur das Äußere erhielt im Jahr 1719 die nötige Erneuerung. Die Kirche gehörte, wie das Kloster selbst, dem Orden der Franziskaner, woran noch jetzt 50 alte Mönchssitze erinnern. Wegen ihres Altertums sind einige Holzgemälde geschätzt, die Apostel, die Geburt und das Leiden Christi und den Besuch der drei Weisen darstellend. Im Jahr 1844 wurde die Kirche nach der Straße zu mit einem gotischen Säulengang versehen und im Innern mit Fresken geziert.

Ebenfalls in der Klosterstraße erhebt sich die reformierte **Parochialkirche**, deren Grundstein am 18. August 1695 vom Kurfürsten gelegt wurde. Die Kirche wurde vom Hofmaurermeister Braun nach Nerings Plane als gewöhnliches Kreuz gebaut. Nachdem bereits die Bedachung angefangen war, fiel ein

Teil des Gewölbes zusammen, worauf der Bau durch Grüneberg im Jahr 1705 vollendet wurde. Der heutige Turm konnte erst 1714 durch Gerlach errichtet werden. Das Glockenspiel im Turm schenkte König Friedrich Wilhelm I., weswegen die Kirche von den Berlinern gewöhnlich die Spieluhr genannt wird.

Die **Nikolaikirche**, zwischen der Post und Spandauer Straße, ist das älteste Gotteshaus Berlins. Einer Urkunde aus dem Jahr 1223 ist zu entnehmen, dass eine Renovierung vorgenommen wurde. Im Jahr 1460, nach einem schweren Brand, wurde ein Neubau unternommen. Der Bischof Dietrich IV. zu Brandenburg gab einen Ablassbrief aus für alle frommen Seelen, welche zum Bau beisteuerten. Seit 1514, als die hohe Spitze des Turmes aufgesetzt wurde, sind keine wesentlichen Veränderungen in der äußeren Gestaltung vorgenommen. Der zinnerne Taufstein im Inneren, ein altes Kunstwerk, wurde von Stephan Lichtenhagen angefertigt. Zu den Eigentümlichkeiten dieses ehrwürdigen Tempels gehören einige Gipsfiguren, mehrere Gemälde und Grabmäler und endlich die Bibliothek der Kirche. Am 8. November 1846 wurde die neue schöne Orgel von Buchholz eingeweiht.

Die **Kirche und das Hospital zum heiligen Geist**, am Ende der Heiligegeiststraße, steht an derselben Stelle, an welcher sie erstmals im Jahr 1288 urkundlich erwähnt wird. Ursprünglich zur Aufnahme von Aussätzigen eingerichtet, diente das Hospital später zur Aufnahme von 16 alten Männern und 17 alten Frauen und ist dem Schutze des Heiligen Geistes anbefohlen. Es war also dies die erste Stätte in den Marken, welche unsere Altvorderen der Wohltätigkeit weihten. Ebenso alt wie das Hospital ist die Kirche.

Nikolaikirche. Kolorierter Stahlstich von A. H. Payne nach A. Carse

Die im Hintergrunde des Opernplatzes gelegene katholische Kirche zu **Sankt Hedwig** wurde 1773 durch den Bischof von Ermland eingeweiht. Die Zeichnung entwarf der König selber im Geschmack des römischen Pantheons, mit der Ausführung waren die Architekten Büring und Le Geay beschäftigt. Der Bau wurde größtenteils durch Sammlungen in katholischen Gemeinden bestritten und musste deswegen oft unterbrochen werden. Der ältere Boumann vollendete den Bau, indem er die hohe, mächtige Kuppel konstruierte. Zum Portal steigt man auf einer Freitreppe hinauf und gelangt zu den drei Eingängen. Das Innere wird von 24 korinthischen Säulen getragen, die Decke ist von Gagliari schön gemalt. An den sechs Fenstern stehen die Bildsäulen der zwölf Apostel, auf dem Altar eine Gruppe von weißem karrarischem Marmor, die Christus vorstellt, wie er von der Maria Magdalena für den Gärtner gehalten wird. Die Kirche gehört zu den schönsten Berlins.

Zu den beiden imposanten Türmen der **Französischen** und der sogenannten **Neuen Kirche**, auf dem Gendarmenmarkt, machte Carl von Gontard den Plan und leitete auch den Bau, bis am 28. Juli 1781 der schon hoch aufgeführte Turm der deutschen Kirche einstürzte. Friedrich II., der sich gerade auf der Potsdamer Wachtparade befand, als er die Nachricht von dem Unglück erfuhr, fragte den Boten, ob Menschen dabei zu Schaden gekommen seien. Als dieser verneinte, wendete er ihm den Rücken und sagte nur »bon!«. Unger vollendete das Werk, Gontard, nicht in Ungnade gefallen, realisierte andere Vorhaben für den König. Die beiden Türme bilden eine große Zierde der Stadt, und es lässt sich nur tadeln, dass sie mit den daran stoßenden kleinen Kirchen einen zu auffallenden Gegensatz bilden.

Gendarmenmarkt mit dem Deutschen (vorne) und dem Französischen Dom. Gemälde von Eduard Gaertner

Die **Werder'sche Kirche**, am Werder'schen Markt, wurde, nachdem die alte, baufällige niedergerissen worden, in den Jahren 1824 bis 1830 im Stile des Mittelalters nach Schinkels Zeichnung aufgeführt. Die Kirche bildet ein Oblongum, welches gegen Süden an jeder Ecke einen Turm und zwischen beiden den Haupteingang hat, der aus zwei eisernen Türen besteht, die, durch schlanke Säulen getrennt, oben in Spitzbögen enden und mit Engelsfiguren geziert sind. Zwischen beiden Spitzbögen steht, über 10 Fuß hoch, der Erzengel Michael, die Schlange besiegend, von Feilner in Ton geformt. Das große Altarbild von Begas stellt die Auferstehung Christi vor. Die vier Evangelisten zu seiner Seite sind von W. von Schadow, Liebe und Hoffnung unter der Orgel von Wach gemalt.

Die **Petrikirche** war Köllns erstes Gotteshaus, dessen Bestehen für das Jahr 1237 bestätigt ist. 1717 ließ Friedrich Wilhelm I. die Kirche vollständig renovieren, und zugleich begann man einen Turmbau nach Graels Zeichnung. Schon erhob sich die Kuppel 302 Fuß hoch, als am Pfingstfeiertage 1730 ein Wetterstrahl den Turm, die Kirche und die umstehenden Häuser entzündete. Abermals begann ein Neubau, und nach drei Jahren konnte das Kirchengebäude eingeweiht werden, der Turm jedoch, von Baumeister Gerlach in wenigen Monaten auf 150 Fuß Höhe getrieben, stürzte am 28. August 1734 ein und beschädigte die Kirche. Friedrich II., der weder Geld noch Lust hatte, das großartige Werk zu vollenden, ließ den Plan unausgeführt, und 1809 legte ein furchtbarer Brand die Kirche vollends in Trümmer, die, geräumt, Platz für einen ansehnlichen Stadtplatz machte.

Erst im Jahr 1846 ging man an den Bau einer neuen Kirche nach den Rissen des Baumeisters Strack, welcher mit Mitteln der Gemeinde errichtet und am 16. Oktober 1853 eingeweiht wurde. Die Kirche ist in gotischem Stil in der Form eines griechischen Kreuzes erbaut, an den vier Ecken des Querschiffs befinden sich achteckige Türme, welche die Treppen zu beiden Chören enthalten. Ihr schlanker Turm misst 307 Fuß und ist von einer 107 Fuß hohen eisernen Spitze geschmückt. Er überragt alle übrigen Türme Berlins deutlich. Der innere Raum, mit sechs Sterngewölben überspannt, wird durch neun große Fenster erleuchtet und enthält 1500 Sitzplätze. Die Orgel, von Buchholz, ist eine der schönsten und größten und kostete 10.000 Taler. Die Kanzel aus Sandstein wurde vom Bildhauer Märker in Halle verfertigt.

Die **Dorotheenstädtische Kirche**, zwischen der Mittel- und Dorotheenstraße gelegen, ist ein einfaches Gebäude, für das, auf Veranlassung der Kurfürstin Dorothea, im Jahr 1678 der

Die 1853 eingeweihte Petrikirche

Grundstein gelegt und das bis 1688 erbaut wurde. Unter den sehenswerten Denkmälern im Inneren ist das vorzüglichste jenes, welches Friedrich Wilhelm II. dem verstorbenen jungen Grafen von der Mark durch Schadow setzen ließ. Durch diesen Knaben fühlte sich der König noch inniger an seine Geliebte, die berüchtigte Gräfin Lichtenau, gefesselt und war untröstlich, als derselbe in seinem neunten Lebensjahre einen rätselhaft schnellen Tod fand.

SYNAGOGEN VON BERLIN

Seitdem Kurfürst Friedrich Wilhelm am 10. September 1671 den ersten jüdischen Familien einen Schutzbrief ausstellen ließ, hat sich eine jüdische Gemeinde in Berlin etabliert. Zunächst wuchs diese nur langsam, um 1700 wurden 117 jüdische Familien in Berlin gezählt. Trotz ihrer noch überschaubaren Zahl trugen die Juden schon damals bedeutend zum Wohlstand der Hauptstadt bei. Durch das Judenedikt von 1812, das den in Preußen lebenden Juden vermehrte wirtschaftliche Tätigkeit einräumte, den Zugang zum Offizierscorps, zur Justiz und zur öffentlichen Verwaltung jedoch verwehrte, wuchs die jüdische Gemeinde auf ihre heute ansehnliche Zahl von Mitgliedern. Die Gemeinde trifft sich in folgenden Gotteshäusern zur Anbetung:

In der **Synagoge in der Heidereutergasse**, welche auf einem von der jüdischen Gemeinde 1712 erworbenen Grundstück mit dem Haus Nr. 4 als erste Synagoge Berlins errichtet wurde. Die Einweihung des Gotteshauses fand am 14. September 1714 statt und löste damit mehrere kleine private Synagogen ab. Ihr rechteckiger Saal ist mit einer hohen Voutendecke versehen. Mit ihren hohen Rundbogenfenstern und dem Walmdach ähnelt sie der ganz in der Nähe liegenden Garnisonskirche. In

Die Synagoge in der Oranienstraße nach ihrer Fertigstellung. Holzstich nach einer Zeichnung von F. Wagner

den Jahren 1854/55 wurde die Synagoge durch Eduard Knoblauch umgebaut und nach Osten erweitert, wobei eine Frauenempore und vier Treppenanbauten eingefügt wurden.

Die **Synagoge in der Hamburger Straße** 11, unter dem Namen Gemeindehaus geführt, wurde im Jahr 1850 von Tiez aufgeführt und ist für 1700 Personen bestimmt. Hinter der Kirche ist der alte jüdische Friedhof angelegt, auf dem Moses Mendelssohn begraben liegt. An den Friedhof grenzen das Jüdische Krankenhaus und das Judenhospital.

Für eine im Bau begonnene **Synagoge in der Oranienburger Straße** Nr. 30 hat die jüdische Gemeinde gerade eine Anleihe in Höhe von 300.000 Talern begeben. Mit ihrer Fertigstellung ist in wenigen Jahren zu rechnen.

Die **jüdischen Reformer** versammeln sich in einem neuen Tempel in der Johannisstraße 11a, der nach Plänen von Gustav Stier erbaut ist.

ÖFFENTLICHE ANLAGEN UND GÄRTEN

Nicht allein in ihren nächsten Umgebungen, sondern auch innerhalb ihrer Mauern besitzt die Residenz schöne öffentliche Anlagen und kunstvoll gestaltete, große Gärten. So ist die Promenade Unter den Linden nicht nur als Brennpunkt des vornehmen Verkehrs in Berlin zu nennen, vielmehr auch durch ihre vier Reihen Linden- und Kastanienbäume, das Kastanienwäldchen an der Universität und den angrenzenden Botanischen Garten der Universität. Und alle bedeutenden Plätze der Stadt sind mit Grünanlagen auf das Schönste dekoriert, sodass der Aufenthalt auf ihnen durchaus angenehm ist.

Unter den Parks und Gärten Berlins muss dem **Tiergarten** der erste Rang zugestanden werden, der sich links und rechts des Brandenburger Tors ausbreitet. In alter Zeit erstreckte sich dieser bis in die Gegend des Zeughauses, war mit einem Zaun umgeben, um das Wild darin jagen zu können. Von den hier lebenden Hirschen und anderem Wild erhielt er seinen Namen.

Zu Beginn des 18. Jahrhunderts ließ König Friedrich I. Alleen und Lustpartien darin anlegen. Später beauftragte Friedrich II. seinen bewährten Architekten Knobelsdorff mit der Anlage des mit Statuen gezierten Großen Sterns und des mit hohen Eichen eingefassten Zirkels, den heutigen, mit Nach-

Schlittschuhläufer auf der Spree im Tiergarten. Stahlstich von Laurens und Thiele nach Calau

bildungen antiker Bildwerke geschmückten Kurfürstenplatz, der vor den Zelten liegt.

In diesem Zirkel versammelten sich bald Tausende von Menschen zu Fuß und zu Pferde, selbst ein Teil der Mitglieder der königlichen Familie mischte sich unter sie. Dieser reiche Zulauf veranlasste schon im Jahr 1745 die hugenottischen Refugiés Dortu und Thomassin, mit Genehmigung des Königs, in diesem Bereich des Tiergartens zwei Zelte aufzurichten, in denen sie Erfrischungen anboten. Bald folgten ihrem Beispiel weitere, betriebsame Schankwirte, und es entwickelten sich Kaffeehäuser in vier festen Bauten, welche den Namen »Zelte« beibehalten haben. Einige derselben enthalten große Säle, aus denen man im Sommer eine reiche Wiesenfläche überschaut und im Winter den Anblick der zahlreichen Schlittschuhläufer genießt. Im Sommer befinden sich hinter

Wohnhäuser am Kemperplatz – im Vordergrund das Landhaus der Kaufmannsfamilie Gerson

den Zelten Gondeln für Wasserfahrten, etwa um nach dem gegenüberliegenden Moabiter Lande zu gelangen. Von dem Kurfürstenplatze führt ein Weg an der Spree entlang nach der früheren Knobelsdorff'schen Meierei, dem jetzigen Lustschlosse Bellevue.

Seine jetzigen Reize verdankt der Tiergarten Friedrich Wilhelm III., welcher ihn durch Lenné zu einem der schönsten öffentlichen Parks Deutschlands gestalten ließ. Prächtige Alleen mit mächtigen, alten Bäumen wechseln mit Baumschulen, Wasserpartien, Rasen- und Blumenplätzen malerisch ab. Dazu im südlichen Teil die schönen Land- und Wohnhäuser der Bellevue-, Lenné- und Tiergartenstraße, dann die neue Victoriastraße, mit ihren im Prachtstil aufgeführten Gebäuden, und die anderen herrlichen Straßen, welche in die Tiergartenstraße münden.

An Letzterer, nördlich, liegt die kleine Luiseninsel mit dem Denkstein der Königin, unweit davon das Marmorstandbild ihres Gatten, König Friedrich Wilhelm III. In der Tiergartenstraße befinden sich auch die Vergnügungslokale Odeum und der Hofjäger und weiter südlich die Gartenwirtschaften Moritzhof und Albrechtshof.

Durch die Mitte des Tiergartens zieht sich die breite, mit hohen Bäumen eingefasste Chaussee nach Charlottenburg. Rechts von ihr, mehr zur Spree hin, liegt der Exerzierplatz, ein längliches, mit von Lenné entworfenen Gartenanlagen geschmücktes Viereck.

Für das Publikum den ganzen Tag zugänglich sind die schon lange bestehenden und schönen Parks bei den königlichen Schlössern Monbijou und Bellevue. Neueren Ursprungs und fast noch im Entstehen begriffen ist der **Friedrichshain**, ein freundlicher Park vor dem Landsberger- und Königstor, in welchem sich das gemeinsame Grab der im Kampfe gegen das Militär, am 18. und 19. März 1848, Gebliebenen befindet. Auf einer Säule steht die Bronzebüste Friedrichs II., ein Geschenk des Bürgers Freitag.

Die **Hasenheide**, auf der Südseite Berlins zwischen dem Halleschen und Kottbusser Tore gelegen, ist eine Fichtenholzung, die, seitdem sie so gelichtet wurde, dass alle Hasen daraus verschwanden, ihren Namen nur noch zu Unrecht führt. Jetzt befinden sich auf der einen Seite verschiedene Sommerhäuser, Kaffees und Bierlokale, welche namentlich von den mittleren und niederen Ständen besucht werden. Auch Spazierfahrten werden jetzt häufiger nach der Hasenheide unternommen, seitdem die durch das Gehölz führende Straße chaussiert wurde.

Turnplatz nach Friedrich Ludwig Jahn in der Hasenheide. Stahlstich

Auf der den dortigen Wirtshäusern gegenüberliegenden Seite befinden sich mehrere Militärschießstände, an welche der Karlsgarten, auf einer durch neue Laubpflanzungen verschönerten Anhöhe, an der Stelle des früheren Jahn'schen Turnplatzes sich anschließt. Vom Saum der Höhe genießt man eine hübsche Fernsicht nach Berlin.

In der Hasenheide ist auch der Friedhof für die bei Großbeeren und Dennewitz verwundeten und in Berliner Lazaretten gestorbenen Krieger, und auf der sogenannten Schlächterwiese, zwischen dem Gehölz und dem Kanal, die Begräbnisstätte für Mohammedaner. Der übrige Teil der Wiese ist größtenteils vom Magistrat an Arme zur landwirtschaftlichen Nutzung verpachtet.

Die neuen Anlagen am Kanal, namentlich die zwischen der Charlottenburger Chaussee und dem Halleschen Tore, bestehen aus schönen Baumanlagen, die sich auf beiden Ufern hinziehen und auf einer Seite von Feldern und Gehölz, auf der andern von einer neu entstandenen Reihe Prachtbauten begrenzt werden. Diese Boulevards, von den Baumeistern des Kanals entworfen und ausgeführt, bieten beliebte und zahlreich besuchte Spaziergänge dar.

Einige verdiente Bürger Berlins haben **private Kunstgärten** geschaffen, von denen die nennenswertesten sind:

- Der 3 Morgen große Garten des Kommerzienrats Westphal, Alexanderstraße 22, ein mit mehreren Gewächshäusern ergänzter Komplex. Seine Züchtungen von Weintrauben und Azaleen sind weitbekannt, und aus allen Gegenden kommen Besucher, um sie zu besichtigen.
- Nicht weit davon bieten die drei Brüder Bouché in ihren Gärten den Besuchern auch einen kleinen Ausschank: V. F. Bouché, Blumenstraße 11; D. Bouché, Blumenstraße 70; J. Bouché, Krautsgasse 41.
- In Alt-Moabit, bei seinem neuen Eisenwerk und um seine Villa, hat der Fürst der Maschinenbauer, August Borsig, seinen großartigen Garten geschaffen. Er ist öffentlich zugänglich, nur von 12–2 Uhr geschlossen.
- Schöne Privatgärten sind außerdem beim Palais des Prinzen Albrecht, Wilhelmstraße, beim Kriegsministerium, Leipziger Straße, bei der Tierarzneischule, Luisenstraße, beim Invalidenhause und bei den Freimaurerlogen Royal York und Drei Weltkugeln, Splitgerbergasse.

DIE SPREE, IHRE KANÄLE UND IHRE BRÜCKEN

Die Spree

Die Spree, welche sehr fischreich ist, durchfließt die ganze Stadt Berlin und verschafft derselben wegen ihrer Verbindung mit Elbe und Oder große Handelsvorteile. Sie entspringt in der Lausitz, fließt über Köpenick nach Berlin und erreicht die Havel bei Spandau. In früheren Zeiten war das Bett der Spree sowohl von der Berlinischen als auch der Köllnischen Seite viel breiter als jetzt. Auf der Seite Berlins erstreckte sich der Strom wahrscheinlich noch bis zur Post- und Heiliggeiststraße. So war am rechten Spreeufer, wo die heutige Burgstraße verläuft, noch bis in das 17. Jahrhundert ein bloßer niedriger Gang, der sich am Fluss entlang zog.

Der Hauptstrom der Spree fließt unter dem Mühlendamm durch und wendet sich von dort zur Langen Brücke, zur Neuen Friedrichs- und Weidendammer Brücke.

Der Mühlendamm

Dieser Damm ist heute eine sehr belebte Straße, welche die beiden ältesten Stadtteile, Berlin und Kölln, verbindet. Er erhielt unter dem Großen Kurfürsten die ersten Anstalten zu öffentlichem Nutzen. Heute stehen hier in der etwa 20 Ruten langen Straße zwischen dem Köllnischen Fischmarkt und der

Poststraße 33 Häuser, und auf beiden Seiten laufen Bogenlauben, unter denen sich Kaufmannsläden oder die Eingänge zu den Mühlen befinden.

Unter den meisten Häusern fließt die Spree und treibt die Mühlen. Letztere standen schon hier zur Zeit des Dreißigjährigen Krieges und gehörten teils der Stadt, teils dem Landesherrn. Bis Kurfürst Friedrich II. die Berliner wegen einer Empörung damit strafte, dass er die Mühlen auf dem Mühlendamm zu kurfürstlichem Eigentum erklärte. Die jetzt dort befindlichen königlichen Mühlen sind imposante Gebäude, nach der Idee Friedrich Wilhelms IV. burgähnlich mit Wachtürmen versehen und fast gänzlich aus Stein und Eisen vom Baumeister Dannenberg aufgeführt.

Der Spreegraben

Da der Flusslauf der Spree am Mühlendamm für Schiffe unpassierbar war, wurde, mit der Steigerung von Handel und Verkehr auf dem Wasser, der Köllnische Stadtgraben, ein ehemaliger Seitenarm der Spree, ausgebaut und mit einer Schleuse versehen. Die erste hölzerne Schleuse »auf dem Werder«, die spätere Stadtschleuse, entstand 1578 und wurde später mehrfach vergrößert. In der Nähe der Schleusenbrücke wird ein kleiner Seitenkanal abgeleitet, der die Werder'schen Mühlen treibt, in denen, wie in jenen am Mühlendamm, Getreide für die Bäcker für königliche Rechnung gemahlen wird.

Die Teilabschnitte des Spreekanals sind:

- die Friedrichsgracht, die von der Inselbrücke bis zur Gertraudenbrücke reicht,
- der Schleusengraben, von der Gertraudenbrücke bis zur Schleusenbrücke,

Blick auf die Lange Brücke vom Mühlendamm aus. Gemälde von Albert Schwendy

- der Schlossgraben, von der Schleusenbrücke bis zur Eisernen Brücke hinter dem Zeughaus, und
- der Kupfergraben, ab der Eisernen Brücke bis zur Einmündung in die Spree.

Als Kanal unbedeutend ist der von der barocken Festung verbliebene **Festungsgraben**, der von der Stralauer Brücke am Alexanderplatz vorbei zur Herkulesbrücke führt.

Die Kanäle

Außerhalb der Stadt ist der ehemalige Floß- oder Schafsgraben, jetzt **Landwehrkanal** oder schlechthin Kanal genannt, zu merken. Er ist seit 1850 für den Schiffsverkehr eingerichtet, was denselben innerhalb der Stadt wesentlich entlastet. Jährlich durchfahren ihn 12.000 große Kähne, und 20.000 Holzstämme werden auf ihm bewegt. Der Kanal ist 1 3/8 Meile lang, verlässt die Spree oberhalb des Schlesischen Tores, nimmt den Weg am Halleschen Tor vorüber, die Anhaltische und die Potsdam-Magdeburger Bahn durchkreuzend, und führt bis nach Charlottenburg, wo er oberhalb Lützow in die Spree mündet. Er ist 72 Fuß breit, ansehnlich tief und mit zwei Schleusen und mehreren Brücken versehen. Die Ufer, welche in Boulevards umgewandelt worden sind, gewähren beliebte Spaziergänge und führen an zahlreich entstandenen Fabriken und schönen Wohnhäusern vorüber. Aus dem Kanal ist das Wasser auch in die neuen Anlagen des Tiergartens geleitet worden, was wesentlich zur Verschönerung dieses Vergnügungsortes beiträgt.

Der **Luisenstädtische Kanal** verbindet die Spree von der Schillingbrücke aus mit dem neu geschaffenen Wassertor und damit mit dem Landwehrkanal. Auf dem Köpenicker Feld bildet der Kanal das große Engelbecken, welches dem Rangieren der Spreekähne dient.

In nächster Zeit steht eine neue Verbindung des Hamburger Schifffahrtskanals mit der Spree und die Eröffnung der betreffenden Schifffahrt in Aussicht, indem die Erdarbeiten am Hamburger Hafenbassin bereits vollendet sind.

Bedeutende Brücken

Brücken über die Spree:

Die ehrwürdige **Waisenbrücke** verbindet Berlin mit Neukölln am Wasser. Seit 1822 ist östlich von ihr, zu ihrer Entlastung, die Jannowitzbrücke durch eine Aktiengesellschaft errichtet, die nun den starken Verkehr von der Köpenicker Straße aufnimmt.

Die **Lange Brücke**, zweitälteste Brücke über die Spree, wurde 1690 vom Baumeister Nering begonnen, aber erst in den Jahren 1692 bis 1694 vollendet. Sie ist 160 Fuß lang und ruht auf fünf Bögen. Auf ihr befindet sich Schlüters meisterhaftes Reiterstandbild des Großen Kurfürsten Friedrich Wilhelm. Es stellt den Kurfürsten als römischen Imperator dar, zu seinen Füßen befinden sich vier gefesselte Krieger, welche die von ihm bekämpften Feinde andeuten. Die lateinische Inschrift und die allegorischen Reliefs verherrlichen die Tapferkeit, den Ruhm und die Humanität des Fürsten.

Die **Friedrichsbrücke**, 1703 als Große Pomeranzenbrücke erbaut, bildet einen wichtigen Übergang zwischen Kölln und Berlin und erhielt ihren heutigen Namen im Jahr 1792, zu Ehren Königs Friedrich II. Die wachsende Verkehrsbelastung führte 1822/23 zu einem Umbau. Die Klappteile wurden beseitigt, die Brücke mit sieben gusseisernen Fachwerk-Brückenbögen ausgestattet. Die Friedrichsbrücke misst, als längste Brücke Berlins, 240 Fuß.

Die **Weidendammer Brücke**, im Oktober 1826 vollendet, zeichnet sich dadurch aus, dass die gewöhnlichen massiven Widerlagspfeiler durch ganz frei stehende Pfeiler und Säulen vertreten werden und dass alles an der Brücke Befindliche von Eisen ist, mit Ausnahme der Stirnschälungen. Die Brücke besteht aus vier Bogenöffnungen und einer Durchfahrt in der Mitte. Ihre Länge ist 177, die Breite zwischen den Geländern 34, die des Fahrdamms 20 Fuß. Es ist die erste Brücke mit einer Durchfahrt, an welcher die Bögen auf eisernen Pfeilern und Säulen ruhen.

Mit ihr parallel liegen zwei andere, zur Verbindung der Dorotheenstadt mit der Spandauer Vorstadt: eine hölzerne Brücke, rechter Hand vom Weidendamm nach der jetzigen Artilleriestraße führend und nach dem Seehandlungsrendan-

Blick auf die Schlossbrücke und das Alte Museum. Gemälde von Carl Daniel Freydanck

ten Ebert **Ebertbrücke** genannt; die andere, links, zu Ehren des Feldmarschalls Blücher **Marschallbrücke** genannt, geht von der Neuen Wilhelmstraße über die Dorotheenstraße weg und führt nach dem Schiffbauerdamm.

Brücken über den Spreekanal:

Der Inselbrücke, der Roßstraßenbrücke und der Grünstraßenbrücke, die alle von Kölln in die Luisenstadt führen, folgen die Jungfernbrücke und die Schleusenbrücke.

Bedeutend ist die **Schlossbrücke**, ehemals Hundebrücke genannt, die früher aus Holz war. 1822 bis 1824 wurde sie nach einer Zeichnung von Schinkel aus Stein erbaut und erhielt ihren gegenwärtigen Namen. Sie führt von dem Zeughausplatz nach dem Lustgarten, ist 156 Fuß lang und nimmt die ganze Breite der Straße von 100 Fuß ein. Die zwei massiven Bögen sind mit großen Werkstücken aufgeführt, und das

Die Königsbrücke mit den Königskolonnaden. Gemälde von Eduard Gaertner

Geländer, aus gegossenem Eisen, stellt nach einer Zeichnung Schinkels in arabeskenartigen Ausfüllungen mythische Wassertiere, Delphine und Tritonen dar. Besonders beachtenswert sind die acht massiven Würfel aus geschliffenem Granit, welche noch durch Piedestale erhöht wurden und acht Marmorgruppen tragen.

Diese, eine wahre Zierde Berlins, wurden von Schinkel erdacht und von verschiedenen Künstlern ausgeführt. Die Statuen, 8 Fuß hoch, stellen in einem Zyklus das Leben des Kriegers in idealer und antiker Weise dar.

Brücken über den Festungsgraben:

Die **Königsbrücke**, vom eigentlichen Berlin über den Königsgraben zur Königsstadt führend, ward nach Gontards Zeichnung von Boumann dem Jüngeren im Jahr 1777 aus Stein errichtet. Sie hat vier Bögen, ein steinernes Geländer und auf der Berlinischen Seite eine halbe ionische Säulenlaube zu beiden Seiten.

Die **Spandauer Brücke**, die älteste Verbindung zwischen Berlin und der Spandauer Vorstadt, wurde im Jahr 1785, nachdem der Königsgraben verengt war, aus Stein erbaut. Die Zeichnung rührt von Unger.

Die **Herkulesbrücke**, auf deren steinernem Seitengeländer man eine kolossale steinerne Gruppe erblickt, deren eine den Herkules darstellt, wie er den Nemäischen Löwen zerreißt, und die andere denselben, wie er mit dem Centauren Nessus kämpft. An dem Ende jedes Geländers liegt eine große steinerne Sphinx als Laternenträger.

EINRICHTUNGEN ZUM ÖFFENTLICHEN NUTZEN

Die Feuerwehr

Vier Großbrände erlebte Berlin in der ersten Hälfte des 19. Jahrhunderts, die alle nur mit großer Anstrengung wieder gelöscht werden konnten. Es begann am 20. September 1809 mit dem Brand der dritten Petrikirche, die bis auf die Grundmauern abbrannte, und setzte sich mit dem Schauspielhaus im Jahr 1819 fort, dessen Brand E.T.A. Hoffmann von seiner gegenüberliegenden Wohnung aus beobachtete und dort um seine Möbel fürchtete. Die Flammen des Brandes der beiden Mühlengebäude am Mühlendamm im Jahr 1838 schlugen bis zum Himmel und kosteten 13 Menschen das Leben. Und noch keine 20 Jahre ist es her, dass das königliche Opernhaus den Flammen zum Opfer fiel. Barst eine Gaslaterne, war ein Komparse mit einer Kerze unvorsichtig? Wir wissen es nicht.

Seitdem jedoch die neue Berliner Feuerwehr im Jahr 1851 eingerichtet wurde, ist es in der Stadt zu keinen großen Feuersbrünsten mehr gekommen. Jedes ausgebrochene Feuer findet eine Mannschaft von beinahe 600 Mann, die trefflich gerüstet in den Kampf zieht. Von ihnen leisten 180 Feuermänner, die gelernte Bauhandwerker und gediente Soldaten sein müssen, den 48-stündigen Wachdienst, worauf eine 24-stündige Ruhe folgt. Die 360 Spritzenleute besorgen neben dem Dienst

Berliner Feuerwehr mit Spritzenwagen

auf der Wache bei den Löschgeräten und der Wasserzufuhr noch die Straßenreinigung. Die unmittelbaren Vorgesetzten der Mannschaft sind 37 Oberfeuermänner, welche unter drei Feldwebeln stehen. Letzteren sind die Offiziere übergeordnet, bestehend aus dem Brandinspektor und fünf Brandmeistern, deren Vorgesetzter der Branddirektor ist.

Tritt ein Feuer auf, dann bewährt sich die wehrhafte Organisation der Berliner Feuerwehr und die Alarmierung über eine Telegraphenleitung, an welche alle Feuerwehrstationen angeschlossen sind. Die Hauptfeuerwache befindet sich in der Breiten Straße 15. Hinter dem Hauptgebäude mit den Wohnräumen für die Dienstmannschaften, den Wachstuben und dem Telegraphenbüro liegen zwei große Hofräume, von denen der hinterste zum Übungsplatz bestimmt ist. Hier macht die Mannschaft ihre körperlichen Exerzitien und technischen Übungen, etwa das Bedienen der Spritze oder das Aufrichten und Erklettern der Leitern. Der Bürger erfährt von einem Brand, selbst wenn dieser in seiner Nähe droht, erst dann, wenn das Rollen und Jagen der Spritzen, Leitern und Wagen zu hören ist, d.h. wenn die Rettung schon vor Ort ist.

Gaserleuchtungsanstalten

Den Anfang zur Erleuchtung Berlins machte der Große Kurfürst im Jahr 1679 dadurch, dass er an jedem dritten Hause eine Laterne mit brennendem Licht aufhängen ließ, die unter Friedrich II. durch dreieckige Öllaternen auf hölzernen Pfählen ergänzt wurden. Für eine bessere Erleuchtung wurde im Jahr 1803 gesorgt, indem in den Hauptstraßen größere Laternen, mit Réverbèren und zwei Lichtern versehen, angebracht wurden. Dieselben waren entweder mit eisernen Stangen an den Häusern befestigt oder hingen an Stricken quer über der Straße. Welch ein Unterschied zwischen dieser armseligen Straßenbeleuchtung und der heutigen durch Gas, welche in den Jahren 1825 bis 1826 eingeführt wurde! Die Stadt schloss einen Kontrakt mit der Imperial-Kontinental-Gasassoziation in London zur Einrichtung einer Gasbeleuchtungsanstalt, die am Schafsgraben vor dem Halleschen Tor ihren Platz fand und ihr Kontor an der Bauakademie 5 hat.

Das im Retortenhause gewonnene Gas geht in die großen Reservoirs von Eisenblech, von wo es dann durch Röhren von Gusseisen, 2 bis 10 Zoll im Durchmesser, unter der Erde bis an die verschiedenen Verbrauchsstellen geführt wird. Schon im Sommer des Jahres 1834 betrug die Länge dieser Röhren 13 deutsche Meilen. Heute, im Jahr 1860, werden die Straßen Berlins von 3700 Gaslichtern erhellt, und es brennen in öffentlichen Gebäuden 1789, in Hotels und Privathäusern 4500 Flammen. Seit 1847 ist zusätzlich eine städtische Gasbereitungsanstalt eingerichtet, welche die öffentliche Straßenerleuchtung allein besorgt. Ihr Zentralbüro ist auf dem Rathaus, Königstraße 15, und ihre Gasanstalten am Hellwege vor dem Wassertor und am Stralauer Platz 28–30. Die Letztere wird gegenwärtig bedeutend vergrößert, und der Bau einer neuen in der Sellerstraße ist ziemlich vollendet. So können nun vermehrt Wohnungen und Küchen durch Gasflammen erleuchtet, in vielen Küchen das Gas für Kochmaschinen verwandt werden.

Wasserleitungsanstalt

Um vieles gesünder und behaglicher gestaltet sich das Leben in Berlin durch das Wasserwerk, welches von einem englischen Unternehmen 1853 in Tätigkeit gesetzt wurde. Das Hauptwerk befindet sich vor dem Stralauer Tor, wo das Wasser der Spree mittels von Dampfmaschinen getriebenen Druckpumpen durch einen Tunnel in ein Spreewasserbassin und von dort in vier große Filtrierbassins geleitet wird. In ihnen sickert das Wasser durch Kiessand und verschiedene Steinschichten und erfüllt danach alle Erfordernisse eines guten Quellwassers. Gereinigt wird das Wasser zum riesigen Wasserturm auf dem Windmühlenberge gepumpt, 140 Fuß hochgehoben, danach durch das Röhrensystem in der ganzen Stadt verteilt und in die höchsten Stockwerke der Häuser geleitet. Der einzige Nachteil, den man hervorheben könnte, ist der, dass es in den Häusern durch bleierne Röhren läuft.

Der Tarif des Wassers richtet sich nach der Zahlung des jährlichen Mietbetrages, wodurch es auch dem minder Wohlhabenden möglich ist, die neue Bequemlichkeit zu genießen. Und dieser Bequemlichkeiten und praktischen Vorteile sind

Das Pumpwerk am Stralauer Tor. Aquarell von W. Knoll nach einer Zeichnung von Th. Dettmers

zahlreich und unschätzbar. Die bei Regenwetter kotig gewordenen Straßen werden mit leichter Mühe gewaschen, die Rinnsteine verlieren ihre mephitischen Ausdünstungen, bei trockenem Wetter wird dem Staub durch Sprengen vorgebeugt und die Luft durch Springbrunnen gekühlt. Ohne Mühe können die Fabriken und Werkstätten ihren Wasserbedarf decken und der Bauer im Stall sein Vieh tränken. An feuergefährlichen Orten sind stets gefüllte Röhren in Bereitschaft, in der Hauswirtschaft ist die Küche mit Wasser versehen, und die Hausfrauen haben nicht nötig, für die Wäsche Regen vom Himmel zu erflehen oder Spreewasser zu kaufen. Jüngst wurde damit begonnen, bevorzugt in den ersten Hotels, Abgussröhren für das unreine Wasser zu installieren, die aus den oberen Stockwerken in den Hof hinabführen, wo sie in eine ausgemauerte, mit eiserner Tür versehene Senkgrube geleitet werden.

WISSENSCHAFT UND SCHULWESEN

Die Universität

Das Universitätsgebäude, am Platze vor dem Opernhause und am Ende der Linden-Promenade gelegen, wurde während des Siebenjährigen Krieges von Boumann dem Älteren erbaut und war ursprünglich das schöne Palais des Prinzen Heinrich, des Bruders Friedrichs des Großen. Nach dem Tode des Prinzen, 1802, stand das Gebäude leer, bis Friedrich Wilhelm III. die Universität in Berlin stiftete und ihr das Gebäude übergab. Sie wurde am 15. Oktober 1810 eröffnet.

Die Universität hat vier Fakultäten: die theologische, juristische, medizinische und philosophische. Die Zahl der Lehrer beträgt 170, die Zahl der immatrikulierten Studenten durchschnittlich 1700 und die der nicht immatrikulierten Zuhörer 700 bis 900.

Schon zur Zeit ihrer Entstehung zählten zur Universität die bedeutendsten Männer: unter den Philosophen Fichte und Hegel, unter den Theologen Schleiermacher, unter den Philologen Wolf und Buttmann, die Jurisprudenz durch Savigny ruhmvoll vertreten. Unter den jetzt lebenden Lehrern nehmen einen hervorragenden Rang ein in der theologischen Fakultät Nitzsch und Twesten, in der juristischen Homeyer und Gneist, in der medizinischen Langenbeck von Gräfe, Virchow und

Universität mit Königlicher Bibliothek (links) und dem Opernhaus (rechts). Zeichnung von F. A. Borchel

Frerichs, in der philosophischen Böckh, der Philologe, Ritter, der Geograph, Ranke und Raumer, die Geschichtsforscher, Dove, Erman, Rose für Chemie, Magnus, Haupt und Bopp für orientalische Sprachen sowie Encke für Astronomie.

Das schöne, drei Geschoss hohe Gebäude hat zwei stark hervortretende Flügel, welche einen mit Blumenanlagen geschmückten, nach der Straße zu durch ein Eisengitter geschlossenen Vorhof umgeben. Im Jahr 1844 wurde ein Umbau vorgenommen und dasselbe für seine jetzige Bestimmung im Inneren zweckmäßig eingerichtet. Im Erdgeschoss und im ersten Stock befinden sich die Hörsäle. Der große, für akademische Feierlichkeiten bestimmte Saal, die Aula, befindet sich im mittleren Geschoss des Hauptgebäudes.

Die im Universitätsgebäude befindlichen Sammlungen sind:

- Das anatomische Museum, im rechten Flügel 1 Treppe hoch, mittwochs und sonnabends von 4–6 Uhr geöffnet. Der Einlass ist ohne Karten.
- Das zoologische Museum, im linken Flügel 3 Treppen hoch, dienstags und freitags von 12–2 Uhr geöffnet. Einlass ohne Karten. Es ist besonders reich an Vögeln und Insekten. Außerdem befinden sich in besonderen Räumen die ungemein reichhaltigen Sammlungen von Käfern und Schmetterlingen.
- Das Mineralien-Kabinett, Eingang im Hauptportal, rechts 1 Treppe, eine der reichsten Sammlungen dieser Art in Europa. Unter den Seltenheiten: ein 13 Pfund schweres Stück Bernstein, 20 Meilen von der Ostsee gefunden.
- Das christliche Museum, im linken Flügel 2 Treppen hoch, enthält christliche Kunstdenkmäler, größtenteils in Abbildungen und Gipsabgüssen; unter Letzteren besonders interessant ein Sarkophag des römischen Präfekten Junius Bassus, welcher im Jahr 359 n. Chr. starb.
- Der physiologische Apparat nebst Laboratorium.
- Das Herbarium.
- Der zur Universität gehörige kleine botanische Garten liegt hinter dem Universitätsgebäude.

Von der Universität getrennt sind folgende ihrer Einrichtungen:

- Die Universitätsbibliothek, Taubenstraße 29, zählt 50.000 Bände.
- Die physikalische Apparaten-Sammlung, Kupfergraben 7.
- Die pharmakologische Sammlung, Jägerstraße 14.
- Die chirurgisch-geburtshilfliche Instrumenten- und Bandagen-Sammlung, Kasernenstraße 26.

- Das chirurgisch-augenärztliche Klinikum unter Langenbeck, Ziegelstraße 5.
- Die Polyklinik unter Romberg, Ziegelstraße 6.
- Das klinische Institut für Geburtshilfe, Dorotheenstraße 5.
- Das chemische Laboratorium, Dorotheenstraße 10.

Das Akademiegebäude

Neben der Universität steht das Akademiegebäude, Unter den Linden 38, welches 1690 von Nering erbaut, 1749 von Boumann restauriert und mit einem neuen Stockwerk versehen wurde. Im mittleren Fenster der Fassade ist eine zur Nachtzeit erleuchtete Uhr angebracht, welche den Berlinern als Normaluhr dient.

Im Gebäude residiert die unter Friedrich I. auf Veranlassung der Königin Sophie Charlotte nach Leibnizens Plan am 11. Juli 1700 gegründete **Akademie der Wissenschaften**. Die gemeinschaftlichen Sitzungen finden donnerstags statt, öffentliche Sitzungen am Geburtstag des jetzigen Königs sowie am 24. Januar, dem Geburtstag Friedrichs des Großen, und am 1. Juli, Geburtstag von Leibniz.

Im Gebäude hat auch die **Akademie der Künste** ihren Sitz, die am 11. Juli 1696 gestiftet wurde. Sie hält alle 14 Tage sonnabends um 12 Uhr eine Sitzung ab. Eine Sammlung von Gipsabgüssen nach antiken Skulpturen, Modellen und Gemälden ist damit verbunden.

Beide Akademien stehen unter dem Protektorat des Königs. Alle zwei Jahre finden im September große Kunstausstellungen im Akademiegebäude statt. Ein neues großartiges Gebäude für die Akademie der Künste ist in der Nähe des Neuen Museums geplant.

Friedrich-Wilhelm-Institut

Das königlich medizinisch-chirurgische Friedrich-Wilhelms-Institut, früher Pépinière genannt, Friedrichstraße 139–141, wurde durch Friedrich Wilhelm II. nach dem Vorschlage des Generalchirurgen Görcke am 2. August 1795 zur wissenschaftlichen Ausbildung der Militärärzte gegründet. In dem Prachtgebäude werden die Zöglinge vier Jahre lang auf königliche Kosten unterhalten und bekommen monatlich 8 Taler Gehalt, nebst freiem Holz und Licht. Sie hören alle Vorlesungen der medizinisch-chirurgischen Militärakademie und außerdem allgemeine wissenschaftliche Vorträge bei besonderen Lehrern. Nach Ablauf der vier Jahre treten sie auf ein Jahr in die Charité zur Ausbildung im praktischen Krankendienst ein und müssen alsdann acht Jahre lang als Unterwundärzte in der Armee dienen.

Die Sternwarte

Die königliche Sternwarte, Lindenstraße 103, befand sich früher im Akademiegebäude auf der Seite der Dorotheenstraße, wo noch heute der dazugehörige Turm vorhanden ist. Das neue Gebäude wurde auf Verwendung Alexander von Humboldts durch Schinkel im Jahr 1835 erbaut. Es ist sehr zweckmäßig für die Aufstellung der neueren Instrumente eingerichtet, dem Meridiankreis von Pistor und Martins sowie dem großen, unter einer Drehkuppel stehenden Refraktor von Fraunhofer in München.

Botanischer Garten

Der Botanische Garten, Potsdamer Straße 75, bei Schöneberg, wurde in letzter Zeit durch den Direktor Professor Lenné ge-

Sternwarte am Enkeplatz. Stahlstich nach einer Zeichnung von W. Loeillot

hoben. Er enthält 31 verschiedene Gewächshausabteilungen mit mehr als 20.000 Gewächsen aus allen Weltgegenden. Außerdem ein 170 Fuß langes und 60 Fuß breites Palmenhaus aus Eisen und Glas, worin herrliche Palmen und mancherlei exotische Gewächse einen erfreulichen Anblick gewähren.

Zoologischer Garten

Der Zoologische Garten, zur linken Hand der neuen Anlagen am Kanal, wurde im Jahr 1844 durch einen Aktienverein unter der Direktion des Professors Lichtenstein gegründet. Der König überwies das Terrain kostenfrei und bewilligte außerdem aus Staatsfonds die Summe von 25.000 Talern zinsfrei. Dieser Verein erwarb sich unstreitig ein großes Verdienst um die wissenschaftliche Beobachtung der Tiere und um die Beförderung populärer naturwissenschaftlicher Kenntnisse. Wir erblicken Tiere der verschiedensten Zonen, nicht in den engen Behältern einer Menagerie, sondern verteilt durch einen weiten, anmutigen Park und in geräumigen Gebäuden. Für Mittwoch nachmittags ist kürzlich eine Ermäßigung des Eintrittsgeldes von 5 auf 2½ Sgr. eingetreten, doch scheint auch dieses Entrée selbst für Handwerkerfamilien zu hoch.

Das Gewerbeinstitut

Das königliche Gewerbeinstitut, Klosterstraße 35–36, ein schönes, von Schinkel errichtetes Gebäude, wurde, auf Betreiben des verdienstvollen Beuth, im Jahr 1820 von Friedrich Wilhelm III. dem Gewerbefleiß gewidmet.

Hier ist der Sitz der technischen Gewerbedeputation zur Verbreitung wissenschaftlich-technischer Kenntnisse, des Vereins zur Beförderung des Gewerbefleißes und der technischen Gewerbeschule. Zu der Letzteren gehören der große Zeichensaal und die Sammlungen von Maschinen, Modellen und Gipsabgüssen. Es wird hier Unterricht erteilt in der Mathematik, Physik und Chemie, im Zeichnen, Bossieren, Modellieren, in Metall- und Holzarbeiten und in allen Wissenschaften, welche sich auf die Anwendung der praktischen Gewerbe beziehen. Mit dem Institut ist eine Sonntagsschule für Musterweberei verbunden.

Das Schulwesen

Nach dem Ende der napoleonischen Kriege wurde unter Leitung Wilhelm von Humboldts das Schulwesen nach und nach ausgebaut, entsprechend der Devise König Friedrich Wilhelm III., dass der Staat »durch geistige Kräfte ersetzen müsse, was er an physischen verloren«. Wurde zu Anfang noch auf den Ausbau und die Ausstattung der Gymnasien humanwis-

Gewerbeinstitut (rechts) in der Klosterstraße. Gemälde von Eduard Gaertner

senschaftlicher Orientierung hoher Wert gelegt, so erfolgte, unter dem Druck der sich verändernden Arbeitswelt, allmählich der Aufbau von Gymnasien mit naturwissenschaftlicher und neusprachlicher Ausrichtung, sowie vermehrt von berufsorientierten Realschulen. Durch diese Institute ist es heute auch Schülern aus unteren Gesellschaftsschichten möglich, zu einer guten Ausbildung zu gelangen, um damit dem Staate dienen zu können.

In bessere Bahnen gelenkt wurde auch die Ausbildung der Lehrer, für welche eingerichtet sind: das **Seminar für gelehrte Schulen**, Linkstraße 40, dessen Studenten zu gleicher Zeit am Berliner Gymnasium unterrichten, der Direktor ist der Professor Boeckh, sowie das **Seminar für Stadtschulen**, Oranienburger Straße 29, unter Direktor Thilo, das einen dreijährigen Kursus bietet und 40 bis 50 Schüler aufnimmt.

Berlin hat sieben **Gymnasien**:

- Zum Grauen Kloster, die älteste gelehrte Schule Berlins, Klosterstraße 73, ist jüngst mit einem Neubau an der Neuen Friedrichstraße versehen worden;
- Französisches Gymnasium, Niederlagstraße 1;
- Friedrich-Werder'sches Gymnasium, Werder'scher Markt 7, vom Großen Kurfürsten gestiftet;
- Friedrich-Wilhelms-Gymnasium, Friedrichstraße 41, damit verbunden sind die Realschule, Kochstraße 66, die Vorschule für das Gymnasium und die Realschule im Gymnasialgebäude und die Elisabethschule, Kochstraße 65;
- Friedrichs-Gymnasium, Friedrichstraße 126;
- Joachimsthal'sches Gymnasium, Burgstraße 21, vom Kurfürsten Joachim Friedrich zu Joachimsthal gegründet und 1656 nach Berlin verlegt;
- Köllnisches Realgymnasium, Scharrenstraße 23.

Außerdem hat die Stadt:

- eine Gewerbeschule, Niedere Wallstraße 12;
- drei städtische Realschulen für Knaben;
- drei Fortbildungsanstalten für junge Leute des Gewerbestandes;
- drei höhere Stadtschulen;
- 14 Kommunal-Armen- und drei Stiftungsschulen;
- neun Erwerbsschulen, die Töchtern armer Leute von 7 bis 14 Jahren unentgeltlichen Unterricht und durch Handarbeiten einen Verdienst gewähren;
- eine Handelsschule, Neue Grünstraße 29.
- Die Zahl der Privatschulen unterschiedlichster Ausprägung beträgt 135.

BIBLIOTHEKEN, BUCHHANDEL UND ZEITUNGEN

Die Bibliotheken

Unter den Anstalten für die Ausbildung des Geistes nimmt die **königliche Bibliothek** die erste Stelle ein. Vom Großen Kurfürsten 1659 gegründet, fand die Bibliothek ihren ersten Platz in einem Seitengebäude des Schlosses über der Hofapotheke. Beim Tode ihres Gründers zählte sie 20.600 Bände und 618 Manuskripte. Unter Friedrich I. wurde der Befehl an alle Buchhändler und Buchdrucker der preußischen Monarchie erlassen, zwei Exemplare von ihrem Verlage unentgeltlich an die kgl. Bibliothek zu liefern. Die Folge war eine so starke Vermehrung der Bücher, dass das eingeräumte Lokal nicht mehr ausreichte und im Jahr 1780 das heutige Bibliotheksgebäude gegenüber der Oper eröffnet wurde.

Gegenwärtig ist die Sammlung eine der berühmtesten in Europa und enthält 600.000 Bände und 10.000 Handschriften nebst Landkarten, Portraitsammlungen und einer reichen Sammlung musikalischer Werke. Außer den Büchern, welche in den Sälen und im Lesezimmer benutzt werden, werden jährlich ungefähr 35.000 Werke ausgeliehen.

Von den übrigen **öffentlichen Bibliotheken** sind nur erwähnenswert die Bibliothek der Universität, Taubenstraße 29, durch den Minister von Altenstein gegründet, jene des kgl.

Königliche Bibliothek, im Hintergrund der Turm des Französischen Doms

Ministeriums für landwirtschaftliche Angelegenheiten und die des kgl. Landes-Ökonomiekollegiums, die eine große Anzahl von land- und forstwissenschaftlichen Büchern und Zeitschriften enthalten.

Die **Leihbibliotheken** spielen in der Hauptstadt der deutschen Intelligenz eine große Rolle. Während Wien im Ganzen nur fünf Leihbibliotheken zählt, besitzt Berlin eine Unzahl derselben, davon die Vieweg'sche, am Hohen Steinweg, 60.000 Bände enthaltend, gleichzeitig die größte und die älteste der Hauptstadt, sowie die Petri'sche, Taubenstraße 33, mit 23.000 Bänden, namentlich in wissenschaftlicher Hinsicht ausgezeichnet. Die Bücher können tage-, wochen- und monatsweise für 1, 2 und 7 ½ Sgr. geliehen werden.

Die **Volksbibliotheken** wurden nach einem Beschlusse der Kommunalbehörden für das Publikum eingerichtet und sind jedem Einwohner Berlins zur Benutzung, nach Beibringung des Kautionsscheins, unentgeltlich gestattet. Die Volksbibliotheken befinden sich:

- Nr. 1 am Werder'schen Markt 7, im Friedrich-Werder'schen Gymnasium;
- Nr. 2 in der Keibelstraße 31, in der Königsstädtischen Realschule;
- Nr. 3 in der Friedrichstraße 126, im Friedrichs-Gymnasium;
- Nr. 4 in der Sebastianstraße 49, in der Luisenstädtischen Realschule;
- seit Kurzem besteht eine fünfte in der Zimmerstraße 16.

Der Buchhandel

Unter dem Großen Kurfürsten war der Buchhandel in Berlin noch sehr mangelhaft. Erst im Jahr 1659 erhielt der Buchdrucker Ruprecht Völker das Privilegium zu der ersten Buchhandlung. Zu gleicher Zeit erschien auch eine Zeitung, jedoch unter sehr strenger Aufsicht. Die heute in Berlin etablierten Buchhandlungen sind zahlreich:

- Adolf & Comp., Asher & Comp., Behr, Dümmler, Hirschwald, Mai, Gebrüder Rocca, Schlesinger, Schneider & Comp., Schröder, Stuhr: Unter den Linden;
- Enslin, Logier, Riegel, Ulrich: in der Friedrichstraße;
- Rocca, Stargardt, Voß, Peters: in der Charlottenstraße;
- Besser: in der Behrenstraße;
- Duncker, Weber & Comp.: in der Französischen Straße;
- Stülpnagel: in der Markgrafenstraße;
- Kühn, D. Reimer, Trautwein, Werner & Schumann: in der Leipziger Straße;
- Plahn, Sachse & Comp., Schropp: in der Jägerstraße;

- Die Evangelische Buchhandlung, mit 250 Zeitungen: Oberwallstraße;
- Gsellius, Woltemas, die Schulbuchhandlung: in der Kurstraße;
- Gropius, Jonas, Stern & Comp.: in der Werder'schen Straße;
- Amelang, Laffar, Nicolai: in der Brüderstraße;
- Mittler: An der Stechbahn;
- Geelhaar, Springer: Breite Straße;
- Kampffmeyer: in der Scharrenstraße;
- Mertens, Späth: in der Königstraße;
- Zawih: in der Poststraße;
- Oehmigke: in der Heiligegeiststraße.

Die Zeitungen

Die erste Zeitung erschien bereits im Jahr 1628 unter dem Titel »Avisen« und hatte den Zweck, wöchentlich oder mehrmals in der Woche dem Publikum besondere Ereignisse mitzuteilen. Friedrich II. ließ durch Haude zwei Zeitungen gründen, die eine waren »Berlinische Nachrichten von Staats- und gelehrten Sachen« und eine französische, das »Journal de Berlin«. Er befahl auch, dass den Zeitungsschreibern eine unbeschränkte Freiheit gelassen werden solle, denn er meinte, dass Gazetten, wenn sie interessant sein sollen, nicht geniert werden dürfen. Durch solche Freiheit vermehrten sich die periodischen Schriften in Berlin unbeschreiblich, darunter 1819 eine dritte politische Zeitung, die Allgemeine Preußische Staatszeitung.

Gegenwärtig erscheinen die Berliner Zeitungen in großer Zahl, namentlich politische Blätter: die Vossische Zeitung, die Spener'sche Zeitung, Neue Preußische oder Kreuz-Zeitung (streng retrograd), National-Zeitung (liberal), Volks-Zeitung (liberal), Preußische Zeitung (ministeriell), der Staats-Anzeiger, die Preußische Korrespondenz, das Preußische Wochenblatt (amtlich), Berliner Revue (im Geiste der Kreuz-Zeitung), Preußischer Landbote (mit offiziösem Hintergrund), der deutsche Botschafter, seit Juli 1860 unter dem Namen »Deutsche Zeitung« (national und liberal), die Telegraphische Korrespondenz, das Korrespondenz-Büro sowie Held's Charivari.

Zu den verschiedenartigen **Anzeigenblättern** zählen Intelligenz-Blatt, Berliner Tages-Telegraph (die interessantesten Mitteilungen für die Fremden enthaltend und gratis ausgegeben), Berliner Tages-Bulletin (ähnlichen Inhalts und ebenfalls gratis) und das Fremdenblatt.

Für Handelsnachrichten die Berliner Börsen-Zeitung, Bank und Handelszeitung sowie die Preußische Handels-Zeitung.

Das Kommunalorgan für städtische Interessen, im Auftrage des Magistrats redigiert, erscheint wöchentlich.

Für populäres Gerichtswesen erscheinen der Publizist und die Berliner Gerichts-Zeitung.

Für Theater die Deutsche Theater Zeitung und Theater-Horizont.

Für humoristische Unterhaltung der Kladderadatsch.

Für Kirchenangelegenheiten die Evangelische Kirchen-Zeitung, Protestantische Kirchen-Zeitung, Evangelischer Kirchen-Anzeiger, welcher die Kirchenzettel und die Listen der Geburten, Aufgebote und Sterbefälle enthält. Für die Katholiken der Kirchliche Anzeiger.

Auf alle in- und ausländischen Zeitungen nimmt das königliche Zeitungs- und Gesetzsammlungs-Depositkontor im

In einem Lesekabinett. Gemälde von Heinrich Lukas Arnold

Postgebäude Pränumerationen an. Obgleich die Konditoreien die Stelle von **Lesekabinetten** vertreten, gibt es doch noch besondere Lokale dieser Art, die sich aber nicht durch Großartigkeit auszeichnen. Dazu gehören das Berliner Lesekabinett, Behrenstraße 24, welches viele Zeitungen und eine Leihbibliothek enthält, doch ist die Direktion unangenehm und einer Großstadt nicht würdig. Das Literarische Institut, Charlottenstraße 53, sowie die Börse neben dem Dom, wo man viele Handelszeitungen findet. Ein neues Lesekabinett in einer sehr lobenswerten Einrichtung ist das Förster'sche, kürzlich in der Markgrafenstraße 36 eröffnet. Nicht zuletzt das Lesezimmer der kgl. Bibliothek, das täglich nach Anfrage von 9 bis 4 Uhr, sonnabends bis 1 Uhr besucht werden kann.

MUSEEN UND SAMMLUNGEN

König Friedrich Wilhelm III. nutzte die ersten Friedensjahre nach den Freiheitskriegen zu Kunsteinkäufen. So ließ er die bedeutende Giustinianische Gemäldesammlung in Paris ankaufen, in Italien Einkäufe durch Künstler machen und die ägyptischen Schätze Passalacquas nach Berlin bringen. Auch viele Merkwürdigkeiten aus Herkulaneum und Pompeji wurden gesammelt. Um diesen herrlichen Kunstgegenständen eine würdige Stätte zu bereiten, ließ der König das Museum im Lustgarten von Schinkel errichten.

Das Alte Museum

Das schöne Gebäude richtet seine Front mit der offenen Säulenhalle gegen das kgl. Schloss. Die äußere Fassade des Gebäudes wird gebildet durch die große offene Halle aus 18 ionischen Säulen, welche auf einem kräftigen, massiven Unterbau ruhen. Der von Schinkel entworfene Bau wird auf dem Kuppelaufsatz durch die Pferdebändiger von Tieck, in der Säulenhalle durch Freskogemälde geschmückt. Diese Fresken stellen in mythologischen Figuren die ganze Bildungsgeschichte der Schöpfung und die geistige Entwicklung des Menschengeschlechtes dar.

Vom Lustgarten aus und vorbei an der großen Granitschale, die selbst die große Schale im Museum des Vatikans um sieben Fuß übertrifft, schreitet der Besucher über die große Freitreppe hinauf und passiert dabei linker Hand, auf hohem

Granitschale im Lustgarten, dahinter die Domkirche (links) und das Stadtschloss. Gemälde von Johann Erdmann Hummel

Sockel stehend, den »Löwentöter« von Wolff und auf der anderen Treppenwange das Gegenstück, die berühmte reitende »Amazone«, die sich im Kampfe mit einem Tiger befindet, von Kiß modelliert.

Nach der Eingangstür öffnet sich die große Rotunde, in der sich die meisterhafte Bauart des Gebäudes zeigt, denn diese geht über beide Stockwerke und erhält ihr Tageslicht durch eine Kuppel, wodurch der Besucher sich an einen großartigen antiken Tempel erinnert fühlt.

Allenthalben sind Skulpturen aufgestellt, die eigentliche **Skulpturensammlung**, von Friedrich II. begründet, findet sich in einem eigenen Saal, der das gesamte Erdgeschoss durchzieht. Den Skulpturensaal verlassend und eine der beiden schönen Treppen zur **Bildergalerie** hinaufsteigend, werden deren drei Abteilungen erreicht: die italienische Schule mit den

Galerie der Haupttreppe im Alten Museum. Umrissstich von Hans Fincke nach Karl Friedrich Schinkel

verwandten Kunstbestrebungen der Spanier und Deutschen, die niederländische und deutsche Schule sowie die Kunst des Altertums, der frühen Christenzeit und der byzantinischen Schule.

Das Neue Museum

Der großartige, noch nicht vollständig fertiggestellte Bau des Neuen Museums wurde nach dem Entwurfe des Königs Friedrich Wilhelm IV. in gemischtem antikem Stil unter der Leitung des Oberbaurats Stüler mit Hilfe der bedeutendsten Künstler aufgeführt. Zur Begründung des Baus musste ein 40 Fuß tiefer Pfahlrost in den Boden getrieben werden, was alleine eine anderthalbjährige Arbeit nötig machte. Das Gebäude ist durch eine über die Straße laufende Galerie mit der Rückseite des Alten Museums in Verbindung gesetzt. Das

Blick über die Spree auf das Alte und das Neue Museum. Stahlstich von Sagert nach Loeillot

Äußere ist bereits vollendet, doch wird der Platz, auf welchen sich die Front des Gebäudes öffnet, erst später durch das Abtragen der umliegenden Häuser frei und mit Kolonnaden geschmückt werden. Die Säulenhalle ist jetzt in ganzer Länge vollendet, das Dach mit Glasfenstern versehen und auch der Granitboden gelegt. An beiden Ecken der Fassade befinden sich zwei Kuppeln.

Beim Eintreten fällt sofort das 100 Fuß hohe Treppenhaus auf, welches durch das ganze Gebäude geht und den Mittelpunkt für alle drei Etagen bildet. In diesem waltet ausschließlich der Genius Kaulbachs, des genialsten Malers unserer Zeit, dessen sechs Bilder allegorisch die Geschichte des Menschengeschlechts darstellen. Die Vorhalle, von prächtigen Marmorsäulen getragen, enthält das kolossalste Kunstwerk des Altertums, die Dioskuren-Kolosse des Monte Cavallo.

Bemerkenswert ist die Dekoration der Säle, welche überall dem Charakter der aufgestellten Kunstwerke angepasst ist. So sind die Säulen in der ägyptischen Abteilung den ägyptischen Tempelsäulen nachgebildet, und die antiken Säle enthalten Ansichten griechischer Landschaften.

Auf den drei Geschossen befinden sich: in dem unteren die nordischen und ägyptischen Altertümer, im zweiten die Gipsabgüsse, im dritten die Kupferstichsammlung und die Kunstkammer. Für assyrische Altertümer wird gegenwärtig ein Saal eingerichtet.

Vom ersten Geschoss hervorzuheben ist die Nachbildung der Vorhalle des berühmten Tempels von Karnak ebenso wie Darstellungen des häuslichen Lebens im alten Ägypten.

Das zweite Geschoss enthält die reiche Sammlung an Gipsabgüsse der antiken Welt bis zum Mittelalter sowie der späteren Zeit. Diese Reste zeigen die erhabensten Formen, etwa die zwei Frauengruppen, in umfassender Ruhe dargestellt, oder jenen Pferdekopf vom Wagen der Nacht, welchen Goethe »übermächtig und geisterartig« nannte. Und obgleich die Gestalt des Ilissos verstümmelt und ohne Haupt ist, erkennt man doch das göttliche Leben darin. In einem Zwischengemach befindet sich die Gruppe des Laokoon, das höchste Meisterwerk der Bildhauerkunst nach Alexander.

Im neurömischen Saale sind erwähnenswert der »Dornauszieher«, in harmloser Naivität dargestellt, und die Gruppe des Ildefonso, die, nach Wilhelm von Humboldt, die Totenweihe des Antinous darstellt.

Im dritten Geschoss befinden sich die Kupferstichsammlungen aus der deutschen, italienischen, niederländischen und französischen Schule und, im rechten Flügel, die aus dem

Säulen in der ägyptischen Abteilung. Gemälde von Eduard Gaertner

Schloss hierher verlegte Kunstkammer, die neben Möbeln zahlreiche Sammlerstücke der verblichenen Kurfürsten und Könige enthält. Die dort ebenfalls angesiedelte Sammlung von Wappen und Siegeln enthält mehr als 24.000 Stücke, darunter als ältestes das Siegel des deutschen Königs Otto III., Luthers irdenen Trinkkrug mit der Jahreszahl 1524 und Gustav Adolfs Feldstuhl.

Alle diese genannten reichen Sammlungen stellen das Berliner Neue Museum in die Reihe der würdigsten Kunstsammlungen, welche die moderne Zeit aufgebaut hat. Die darin enthaltene Fülle des Schönen ist nunmehr auch an Sonntagen und ohne Eintrittsgeld allen denjenigen geöffnet, welchen sonst nicht gestattet ist, dem Kunstgenuss Arbeitszeit und Geld zu opfern. So ist dem Berliner Volk Gelegenheit geboten, sich nach den Tagen des Fleißes und der Handarbeit an dem edlen und bildenden Einfluss der Kunst zu erfreuen.

Den öffentlichen Sammlungen für Kunstgegenstände stehen die **Sammlungen vieler Privatleute** ruhmvoll zur Seite. Nur die bedeutendsten seien hier aufgeführt: Die Konsul **Wagener'sche Galerie**, Brüderstraße 5, die 220 neuere Gemälde enthält und, wie zu hören ist, bei seinem Tode dem Alten Museum übereignet werden soll. Kommerzienrat **Ravenés Galerie**, Wallstraße 92, ist ebenfalls ausgezeichnet und enthält mehr als 150 neuere Gemälde. Die gräflich **Raczinsky'sche Galerie**, vor dem Brandenburger Tor, enthält außer den portugiesischen Glasmalereien und der Statue des Ganymed von Thorwaldsen zahlreiche Gemälde von Kaulbach, Hildebrandt, Zurbaran oder Velasquez. Die **Gemäldesammlung von Redern**, im gräflichen Palais am Pariser Platz, ist mit großem Kunstsinn eingerichtet und enthält eine Zusammenstellung von 130 älteren und neueren Stücken. Dieselbe ist jedoch nicht immer dem Publikum zugänglich. Die **Gemäldegalerie in Schloss Bellevue** besteht aus 130 trefflichen Stücken, welche teils auf Kunstausstellungen angekauft, teils aus dem königlichen Palais entnommen und in zehn Zimmern ausgestellt sind.

Außerdem betreiben in der Stadt zahlreiche Kunsthandlungen ihr Geschäft.

Bei den **Malerateliers** sind zu nennen jene der Landschafts- und Architekturmaler (Biermann, Gaertner, Gräb, Hildebrandt, Krause), die der Genremaler (Hosemann, Meyer von Bremen, Meyerheim, Schirmer) und jene der Historien- und Tiermaler (Steffeck, Cornelius). Von großem Interesse ist ferner das Atelier des Malers Menzel in der Ritterstraße 42, der in seiner Kunst vollkommener Realist ist. Er hat den alten und den jungen Fritzen gemalt, so wie er ausgesehen haben muss. Seine künstlerische Begabung beruht aber nicht allein in der realistischen Darstellung, sondern in der charakteristischen Anordnung und in der geistreichen Erfindung der Situation. Er ist unter den Malern ein Swift oder Lichtenberg.

Unter den **Bildhauerateliers** sind die bemerkenswertesten jene von Kiß, in der Cantianstraße 7, und von Drake. Im Atelier von August Kiß erblicken wir die Modelle der gefeierten Amazone, der Generale vom Wilhelmsplatz und die kolossale Bildsäule Beuths. In Friedrich Drakes Atelier sehen wir noch das Modell zum Standbilde des Fürsten von Putbus und die Postamentreliefs zu dem Denkmal Beuths, welche die mannigfache Tätigkeit des Gefeierten für die Industrie schildern.

Im Atelier des kürzlich verstorbenen Künstlerveteranen Rauch sind zu sehen das Modell zu dem kolossalen Werk für die Friedenskirche zu Potsdam, Moses vorstellend, und unzählige Modelle zu Kunstwerken, welche teils vollendet, teils projektiert sind (Albrecht Dürer, Schiller, Goethe, verschiedene Könige).

OPER UND MUSIKAKADEMIEN

Musik, Oper, Konzerte

Eine wichtige Rolle im Leben der Berliner spielt die Musik, die sich schon seit der frühesten Zeit ihrer Pflege und Unterstützung erfreut. Der Große Kurfürst bereits vermehrte die Kapelle seines Vaters durch geschickte Musiker, und auch unter der Regierung des ersten Friedrichs wurde die Tonkunst gepflegt, namentlich durch die Kurfürstin Sophie Charlotte, welche die Musik leidenschaftlich liebte und selbst mit großer Vollkommenheit ausübte. Besonders nahe war das Verhältnis Friedrichs II. zu den Musikern seiner Zeit. Er, der alle Bauten nur nach seinen eigenen Plänen ausführen ließ und die meisten deutschen Künstler verachtete, allein in der Musik verzichtete er auf die Oberherrschaft.

Durch ihn kam die Musik in immer größere Aufnahme beim Volke, und es bildeten sich musikübende Gesellschaften und Chöre. Unter Friedrich Wilhelm II., der das Violoncello meisterhaft spielte, erhielt die Musik in der Hauptstadt eine weitere Ausbildung. Fremde Virtuosen gaben ihre Konzerte, ein musikalischer Klub und verschiedene Ressourcen entstanden. In vielen Kirchen wurden bei feierlichen Gelegenheiten Kirchenmusiken gegeben.

Seit jener Zeit mehrte sich die Liebe zur Musik in Preußens Hauptstadt fortwährend. Wobei Berlin, in der neuesten Zeit, zum Kampfplatz geworden ist zwischen alter Schule, je-

Singakademie am Festungsgraben. Gemälde von Ludwig Eduard Lütke

ner Mozarts und Beethovens, und neuer Schule, deren Messias bekanntlich Richard Wagner ist.

Singakademie

Das Wichtigste für das Vorankommen der Kultur der geistlichen Tonkunst leistet die Singakademie, deren Gebäude auf Kosten der Mitglieder von 1825 bis 1827 durch den braunschweigischen Hofbaumeister Ottmer errichtet wurde. Seine Hauptfassade ist mit korinthischen Säulen verziert, und eine Treppe führt zu drei Eingängen. Im unteren Geschoss befinden sich die Wohnungen des Direktors und des Kastellans, im oberen Geschoss der große Gesangsaal, in welchem das Orchester einen stufenweise aufsteigenden Halbkreis bildet und zusätzlich 300 Sänger und Spieler Aufnahme finden. Außerdem ist noch ein zweiter kleinerer Saal, der Cäciliensaal, für kleinere Aufführungen eingerichtet. Das ganze Haus ist im Inneren geschmackvoll dekoriert. Dieses von Fasch und Zelter gestiftete Institut besteht aus einigen Hundert Sängern und Sängerinnen, welche regelmäßige wöchentliche Versammlungen halten, um ihre Partituren einzustudieren. Die Akademie veranstaltet mehrere Male des Jahres öffentliche Aufführungen.

Domchor

Der Domchor, von Friedrich Wilhelm IV. gegründet und aus königlicher Privatkasse besoldet, besteht aus 80 Männern und Knaben. Durch diesen Verein soll die geistliche Musik gefördert werden. Auch wirkt derselbe an Sonntagen bei der Liturgie in der Domkirche mit. Der Verein erfreut sich auch in auswärtigen Städten durch seine Leistungen großen Beifalls.

Das Opernhaus

Für das königliche Opernhaus, der kgl. Universität gegenüber, wurde 1741 der Grundstein gelegt, der Bau durch den Freiherrn von Knobelsdorff in der kurzen Zeit bis 1748 nach dem Vorbilde des Pantheon von Athen errichtet. Das alte Gebäude war etwas dunkel und unbequem, aber durchaus imponierend. Auf dieser Bühne hatten sich alle Berühmtheiten der Welt sehen und hören lassen, von dieser Bühne herab verkündigte man die Siege Friedrichs II. und die Geburt Friedrich Wilhelms III., von dieser Bühne herab begrüßte man die Russen als Erretter Berlins und las die Siege der Verbündeten den Versammelten vor.

Dieses schöne Haus brannte in der Nacht vom 18. auf den 19. August 1843 ab, das kolossale Gebäude sank mit furchtbarem Getöse in die Tiefe und warf Feuersäulen zum Himmel empor. Sofort wurde der Bau eines neuen Opernhauses

Opernhaus. Stahlstich von Johann Poppel

begonnen und in erstaunlich kurzer Zeit vollendet. Die frühere solide Pracht von Marmor, Bronze und Gobelins wurde zwar durch Steinpappe und Tapeten ersetzt, aber der Eindruck war doch prächtig, als die erste Vorstellung, »Das Feldlager in Schlesien« von Meyerbeer, aufgeführt wurde. Der Hof war im vollen Glanze gegenwärtig, der kolossale Kronleuchter verbreitete Tageshelle und warf seinen Glanz auf die strahlenden Diamanten der Damen und auf die reichen Vergoldungen der Dekorationen. Mit besonderem Wohlgefallen sah man, dass die früher engen Plätze jetzt durch schöne Fauteuils ersetzt waren. Mit dem Opernhause steht ein Konzertsaal in Verbindung, der bei außerordentlichen Gelegenheiten als Ballsaal benutzt wird. Gewöhnlich gelten im Opernhaus die Mittelpreise: 1. Platz in der Fremdenloge: 2 Taler; Parkett, 1. Rang und Balkon: 1 Taler 10 Sgr.; 2. Rang: 22 Sgr.; 3. Rang: 17 Sgr.; Stehplatz je nach Lage: 10–20 Sgr.

SCHAUSPIEL UND THEATER

Die frühe Geschichte Berlins erzählt von einzelnen Auftritten von Schauspielergesellschaften, aber erst König Friedrich I. ließ im Marstall über der Reitbahn ein kleines Operntheater errichten. Am 5. Dezember 1786 wurde endlich das kgl. Nationaltheater eröffnet und fortan für königliche Rechnung verwaltet. Nach dem Tode Ifflands, der das Haus durch die Franzosenzeit führte, wurden Graf Brühl und nach ihm Graf von Redern zu Generalintendanten der kgl. Schauspiele bestellt, welche die Bühne mit bester Umsicht zu künstlerischer Bedeutung zu erheben suchten.

Der Leitung des Herrn von Küstner und des jetzigen Intendanten von Hülsen hat man den Vorwurf gemacht, dass die besseren Traditionen verdrängt und ein mechanischer Schlendrian den Sieg über besseres Streben davontragen, überhaupt der Geschmack des Publikums nicht veredelt, sondern depraviert würde. Dennoch hat sich die Lust an Theatervergnügungen in neuerer Zeit bei den Berlinern so gesteigert, dass sich die Zahl der Bühnen, namentlich der Sommertheater, beträchtlich vermehrte.

Königliches Schauspielhaus

Die Zierde des Gendarmenmarkts, das kgl. Schauspielhaus, ließ Friedrich Wilhelm III. durch Carl Gotthard Langhans erbauen. Auf diesem Theater gingen die größten Meisterwerke

Königliches Schauspielhaus am Gendarmenmarkt. Kreidelithographie von Ludwig Eduard Lütke

deutscher Dichter über die Bretter, kaum aber hatte man im Jahr 1817 Fouqués »Undine«, komponiert von dem genialen Hoffmann, in Szene gesetzt, als eine große Feuersbrunst das Haus in wenigen Stunden zerstörte. Ein Neubau wurde von Schinkel in den Jahren 1819 bis 1821 in Angriff genommen, Tieck modellierte die Statuen und Reliefs zum Schmuck der Außenseite.

Außer dem Theater umschließt das Schauspielhaus noch zwei Konzertsäle, deren größerer geschmackvoll eingerichtet und mit den Büsten berühmter Künstler und Dichter geschmückt ist. Derselbe fasst etwa 1500 Personen. Die Nationalversammlung hielt hier ihre Sitzungen bis zu ihrer Auflösung am 15. November 1848. Die mittleren Eintrittspreise reichen von dem Platz in der Fremdenloge mit 1 Taler 10 Sgr. bis zum 3. Rang mit 10 Sgr.

Friedrich-Wilhelm-Städtisches Theater

Dieses Theater für Schauspiele, Lustspiele und Possen, Schumannstraße 14, wurde von Titz gebaut und 1850 eröffnet. Es ist im Innern, ähnlich wie das Opernhaus, mit Gold dekoriert. Das Theater fasst etwa 1600 Personen. Es fehlt hier nicht an solchen Stücken, welche einem feineren Geschmack nicht zusagen. Einen besonderen Reiz gewährt das damit verbundene Parktheater, welches freundliche Gartenanlagen enthält und des Abends strahlend mit Gasflammen beleuchtet ist.

Viktoriatheater

Dieses Theater sollte eine Ergänzung des ehemaligen und sehr beliebten Königsstädtischen Theaters sein. Es liegt in der Münzstraße 20 und wurde durch Titz in großartigem Stil erbaut und im Dezember 1859 eröffnet. Das in der Mitte eines mächtigen Grundstücks gelegene Theater bedeckt 34.000 Quadratfuß, was auch einem Konzertsaal Platz bietet. Das Sommertheater enthält zwei Logenränge und prächtigen Raum für Parkettplätze. Das Wintertheater ist noch um einige Hundert Plätze größer.

Das Wallnertheater

Dieses freundliche Sommertheater steht für Possen und Lustspiele nahe Bouchés Blumengarten zur Verfügung. Nach den Angaben des auf Theaterbauten spezialisierten Architekten Titz ausgeführt, ist es auch elegant eingerichtet. Für dieses Theater haben in jüngster Zeit die beliebten humoristischen Literaten Berlins, Rudolf Löwenstein und Kalisch, ihre Kräfte aufgeboten, dabei die Wiener Posse mit Berlinischem Humor verbunden und einige bedeutende Erfolge erzielt.

Kroll'sches Etablissement im Tiergarten. Stahlstich

Von den weiteren Theatern werden kursorisch aufgeführt **Das Vorstädtische Theater**, 1845 eröffnet, auf dem Wollank'schen Weinberge gelegen, gibt Possen und Volksschauspiele. **Krolls Theater**, im Kroll'schen Etablissement, gibt Lustspiele, Possen, Volksschauspiele und Operetten.

Außer diesen Theatern bestehen noch mehrere sogenannte **Liebhabertheater**, in welchen die Darstellungen von Dilettanten gegeben werden, zu denen der Zutritt durch ein Mitglied leicht zu erlangen ist. Die nennenswertesten sind **Urania**, Kommandantenstraße 26, verbunden mit einer Ressource. **Concordia**, Blumenstraße 9, Vorstellungen gewöhnlich sonntags. **Thalia**, eine der ältesten hiesigen Theatergesellschaften, hat ihr Lokal in der Alexanderstraße 16 verkauft und das schon früher für Theaterzwecke genutzte Grundstück Blumenstraße 9 erworben.

Innenansicht des Kroll'schen Etablissements. Holzstich nach einer Zeichnung von L. Löffler

Der Circus

Großes Interesse erweckt auch der Circus, Friedrichstraße 141, wo akrobatische und theatralische Vorstellungen mit Reiterkünsten abwechseln. Das neue Gebäude wurde im Jahr 1855 vom Baurat Hitzig aufgeführt. Dasselbe kann 3000 Personen fassen und ist schön und glänzend eingerichtet. Die Sitze steigen amphitheatralisch auf, die Wände sind mit Reiter- und Jagdszenen geziert. Es wechseln hier die Zirkusgesellschaften von Renz und Wollschläger, welche in der jüngsten Zeit namhafte Reiterkünstler, den Pferdebändiger Rarey und den gelenkigen Kautschukmann aufboten.

GESUNDHEITSSTADT BERLIN

Seitdem Ernst Ludwig Heim, als Arzt so berühmt wie als Original, erste Impfungen gegen die Pocken erprobt hatte und Christoph Wilhelm Hufeland, Leibarzt des Königs und Direktor der Charité, die Pockenschutzimpfung eingeführt und die hygienischen Verhältnisse der Stadt verbessert hatte, hat sich auch der Gesundheitszustand der Berliner Bevölkerung wesentlich verbessert. Starben in Berlin noch vor nicht allzu langer Zeit Jahr für Jahr etwa 1000 Personen zwischen 20 und 36 Jahren an Tuberkulose, so hat sich diese Zahl heute halbiert. Wie jede Großstadt aber Menschen in großer Zahl anzieht, so zieht sie auch Krankheiten an. So treten in Berlin Krankheiten auf wie Cholera, Typhus, Ruhr, Pocken, Masern, Scharlach und Röteln, Augenentzündung, Syphilis, Krätze, Kopfgrind, Krebs, Schwindsucht, Gicht, Hundswut oder Milzbrand.

Um diesen Krankheiten begegnen zu können, hat die preußische Regierung zahlreiche Gesetze zum Schutze der Gesundheit erlassen, hat Hospitäler gegründet und die ärztliche Organisation verbessert. Die hygienischen Verhältnisse wurden dadurch verbessert, dass das Trinkwasser nicht mehr direkt aus der Spree entnommen wird, sondern gereinigt aus den Leitungen der neuen Wasserleitungsanstalt kommt. Eine wesentliche Verbesserung bedeuten auch die Einrichtung von Toiletten in den Innenhöfen der Wohnhäuser und Hotels, die mit dichten Sickergruben versehen sind.

Das imposante Gebäude der Charité. Holzstich

Die Hospitäler

Unter den verschiedenartigen und zahlreichen Heilstätten der Hauptstadt verdienen die nachfolgenden unsere große Teilnahme:

An erster Stelle zu nennen ist die **Charité**, Unterbaumstraße 7, die gegen 1400 Kranke fasst. In der neueren Zeit ist die Charité vielfach erweitert und mit einem Leichenhaus und einem gerichtlichen Obduktionslokal versehen worden. Die innere Einrichtung ist musterhaft und reinlich, es sind an derselben zehn Ärzte und mehrere Hilfsärzte beschäftigt.

Mit der Charité sind folgende Anstalten verbunden: zwei medizinische Kliniken, eine Klinik für Chirurgie und Augenheilkunde, eine geburtshilfliche Klinik, eine Klinik für Syphilis, eine Kinderklinik, eine Klinik für Gemütskranke, die Hebammenlehranstalt, das Pockenhaus und die Krankenwärterschule.

Die Anstalt wird zugleich als Bildungsanstalt für Zivil- und Militärärzte und zur klinischen Prüfung von Medizinalpersonen benutzt. Die Charité gibt einen sprechenden Beweis von der Schnelligkeit, mit welcher das preußische Medizinalwesen der möglichsten Vollkommenheit entgegenschreitet. Kranke können auch gegen Bezahlung aufgenommen werden.

Das katholische **St. Hedwigs-Krankenhaus**, Große Hamburger Straße 10, im Jahr 1854 im gotischen Stil erbaut, wird von den barmherzigen Schwestern besorgt. Es werden 260 Kranke beiderlei Geschlechts und jeder Konfession aufgenommen. Nach dem Urteil der Ärzte, der Besucher und der Kranken soll es, nächst der Charité, das beste Krankenhaus Berlins sein. Kranke, welche zwei bis drei Zimmer bewohnen, zahlen ein Monatsgeld von 20 Talern, die dritte Klasse, welche 8 ½ Taler bezahlt, nimmt die großen Säle ein, von denen jeder zehn Krankenbetten enthält. Die Säle sind geräumig und sauber, und man gewahrt überall die Spuren weiblichen Waltens.

Das **Diakonissenhaus Bethanien**, am Mariannenplatz auf dem Köpenicker Felde, besteht seit 13 Jahren und wurde vom König gegründet. Es nimmt etwa 350 Kranke auf, dem König stehen 60 Krankenbetten und der Stadt 20 zur Verfügung. Das Krankenhaus wird von einer Oberin geführt und der Dienst von 33 Schwestern ausgeübt. Fast ebenso groß ist die Zahl der Probepflegerinnen, welche eine einjährige Prüfungs- und Lehrzeit zu bestehen haben. Die verschiedenen Verrichtungen der Schwestern bestehen in der Pflege der weiblichen Patienten, der Beaufsichtigung der Krankenwärter, der Verwaltung des Waschhauses, der Küche und der Badeanstalt. Eine Dampfmaschine leitet die heißen Wasserdämpfe in die Apotheke und das chemische Laboratorium, reinigt in der Waschkammer das Leinenzeug, heizt die Kachelöfen, bringt in der Küche das Wasser zum Sieden und bewirkt die Heizung in den Zimmern, Krankensälen und Fluren. Jedes der geräumigen Krankenzimmer nimmt 10 Patienten auf; ein besonderes Zimmer dient zur Aufnahme kranker Kinder. Das öffentliche Urteil ist übereinstimmend im Lobe der trefflichen Einrichtungen dieses Hospitals.

Die Ärzte

Für die Gebrechlichkeit unseres Geschlechts gibt es keinen schlagenderen Beweis als die Anzahl der Ärzte, die in einer großen Stadt wie Berlin praktizieren und konkurrieren. Die ganze gelehrte Zunft der Ärzte zerfällt in die alte und neuere Schule. Die neuere Schule rekrutiert sich aus den Jünglingen, die in dem Stadtviertel bei der Charité in möblierten Stuben wohnen und von ihren Wirtinnen »Herr Doktor« tituliert werden. Diese Schule hat den Vorzug des wissenschaftlichen Weiterstrebens, wenngleich sie ihre Experimente leider häufiger an Menschen als an Kaninchen vornimmt. Das Streben dieser jungen Ärzte geht danach, Praxis und Equipage zu erwerben, denn nur der fahrende Doktor gilt für einen erfahrenen, und ein Arzt ohne Equipage ist wie ein Laden ohne Schaufenster.

Von diesen Emporkömmlingen sind diejenigen Heilkünstler zu unterscheiden, welche bis über die Ohren in der Praxis stecken und fast alle der alten Schule angehören, weil ihnen die Zeit fehlt, sich um die neue zu kümmern. Die oberste Gattung sind die Ärzte für den inneren Körper, die den ganzen Körper mit allen Organen, Sünden und Fehlern unter ihre Behandlung nehmen. In eine Nebenkategorie gehören die Zahnärzte, denn in unserer Zeit fehlt es an Zähnen, aber nur der Reiche kann diesem Mangel abhelfen, und so sind die Zahnärzte auch nur für die wohlhabende Klasse.

Für den Fremden von Interesse sind die Taxen der praktizierenden Ärzte:

Innerhalb der Stadt und ihren Vorstädten können für den ersten Besuch 16 Sgr. bis 1 Taler 8 Sgr. in Rechnung gestellt werden. Für jeden der folgenden Besuche 16 Sgr.

Wohnt der Kranke über eine Viertelmeile von einer Vorstadt entfernt, so können 1 Taler bis 2 Taler 4 Sgr. berechnet werden. Bei solcherart Besuche steht dem Arzt auch das Recht zu, freie Fuhren zu verlangen.

Bei allgemein anerkannt kontagiösen Fiebern, durch deren Behandlung das Leben des Arztes selbst gefährdet wird, findet eine Verdoppelung der Sätze statt.

Der Spielraum in der Höhe des Satzes richtet sich vornehmlich nach dem Vermögenszustande der Zahlungspflichtigen.

Die bedeutendsten Ärzte sind:

Geheimer Sanitätsrat Angelstein, Ziegelstraße 4; von Arnim, Leibarzt des Prinzen Albrecht, Wilhelmstraße 3; Geheimer Medizinalrat Casper, Stadtphysikus, Bellevuestraße 16; Grimm, Generalstabsarzt und Leibarzt des Königs, Linkstraße 44; Geheimer Medizinalrat Horn, Charitéarzt, Unterbaumstraße 7; von Stosch, Leibarzt der Königin, Leipziger Platz 14; von Gräfe, Unter den Linden 6, für Augenkranke; Traube, Luisenstraße 21, für Brustleidende; Busch, Dorotheenstraße 5, für Geburtshilfe; Ebert, Kronenstraße 37, für Kinderkrankheiten; Kramer, Oranienburger Straße 17, für Ohrenleidende; Strahl, Viktoriastraße 1, für Unterleibskranke; Denicke, Alte Leipzi-

Im Wartezimmer des Augenarztes Albrecht von Graefe. Holzstich nach einer Zeichnung von Carl Johann Arnold

ger- und Niederwallstraßenecke, und Wahlländer, Dorotheenstraße 96, Hofzahnärzte; Gaspari, Neuenburger Straße 4, für Homöopathie.

Badeanstalten

In Berlin ist man erst spät zur Anlage von Badehäusern geschritten, denn erst im Jahr 1802 erbaute der Obermedizinalrat Welper die Badeanstalt an der Friedrichsbrücke, die jetzige kgl. Badeanstalt. Nach dieser Zeit entstanden in allen Teilen der Stadt Anstalten zu einfachen und künstlichen Wannenbädern. Die erste öffentliche Wasch- und Badeanstalt, Schillingstraße 8, hat den Zweck, die Reinlichkeit, als eine Hauptbedingung für das materielle Wohl der Gesellschaft, auch der ärmeren Klasse zugänglich zu machen. Es bildete sich daher auf Einladung des früheren Polizeidirektors von Hinckeldey im Jahr 1853 eine Aktiengesellschaft, welche das Grundkapital zu vier dergleichen Instituten zeichnete. Bei Errichtung der ersten dieser Anstalten wurde noch außer dem Zweck der Körperreinigung ein anderes dringendes Bedürfnis ins Auge gefasst: die Reinigung der Leib- und Bettwäsche, welche zur Gesundheit ebenso nötig wie das Bad ist.

Diese Bäder kosten, je nachdem sie kalt oder warm sind, 1 oder 2 Sgr.; die Männerbäder, je nach der Klasse, 2 ½ bis 5, die Frauenbäder 2 ½ Sgr., die Waschstunde 1 bis 2 Sgr. Um die Benutzung der Bäder zu erleichtern, wurde jüngst auch ein Abonnement eingeführt.

Warme und kalte Bäder findet man außerdem: in der kgl. Badeanstalt hinter dem neuen Packhof 1; im Weidendammer Bad, Friedrichstraße 137; in den freundlichen Bädern, Neue Wilhelmstraße 2; im Friedrichstädtischen Dampfbade, Schützenstraße 18; in der Königsstädtischen Badeanstalt, Elisabethstraße 57, mit einem Garten und einer Trinkanstalt verbunden; außerdem in der Wasserheilanstalt, Kommandantenstraße 9; und im Johannestisch vor dem Halleschen Tore.

Fluss- und Schwimmbäder sind: das Maaß'sche Wellenbad vor dem Schlesischen Tor, wo auch Schwimmunterricht erteilt wird; das Pochhammer'sche Bad, Stralauer Brücke 2; die Zimmermann'sche Bade- und Schwimmanstalt, Neue Friedrichstraße 24, mit bedecktem Bassin; Kampfmeyers Wellenbad an der Moabiter Brücke. Die bei den Schwimmern beliebteste Anstalt, welche aber nur für abonnierte Schwimmer besteht, ist die Pfuel'sche Schwimmanstalt für Zivil und Militär, Köpenicker Straße 12. Für die ärmere Klasse sind einfache Bassins, das Bad zu 6 Pfennigen, bei der Langen Brücke, an der Waisenbrücke und im neuen Schifffahrtskanal vor dem Neuen Tor eingerichtet.

Turn- und Fechtanstalten

Auf dem jetzigen Militärschießplatz, dem Karlsgarten in der Hasenheide, befand sich der erste Berliner Turnplatz, von Jahn im Jahr 1811 eröffnet. Damals, als sich das Volk begeisterte, die Franzosen zu schlagen, war das Turnen eine Nationalsache. Einige Jahre später wurde der Turnplatz in der Hasenheide, wie alle übrigen Turnplätze in Deutschland, geschlossen. Die deutsche Turnkunst wurde aber dennoch durch Eiselen in seiner Privatturnanstalt in der Dorotheenstraße bewahrt und ausgebildet.

Mit dem Regierungsantritt Friedrich Wilhelms IV. wurde das Turnen wieder zur öffentlichen Angelegenheit erhoben, und er ließ eine gymnastische Zentralanstalt, Kirschallee 1, einrichten. An dieser Anstalt werden alljährlich 18 Offiziere zu militärischen Zwecken und ebenso viele Lehrer für die Zivilschulen zu Turnlehrern ausgebildet. Andere Turn- und Fechtanstalten sind bei Ballot, Dorotheenstraße 60 und bei Lübeck, Blumenstraße 63a.

Reitbahnen

Die königliche Reitakademie, in der bis 1813 die Ritterakademie residierte, in der Breiten Straße 32 bis 37, ist teilweise ein sehr altes Gebäude, welches in den Jahren 1665 bis 1670 von M. Schmids in gotischem Stil erbaut wurde. Darin befindet sich eine große verdeckte Reitbahn mit 14 Fuß hohen Fenstern und einer Loge und außerdem eine kleinere verdeckte Reitbahn. Hier werden die Kadetten unentgeltlich im Reiten unterrichtet, doch kann auch jeder hier Unterricht nehmen, der sich bei den königlichen Stallmeistern einschreiben lässt und das übliche Honorar zahlt.

DER HANDELSSTAND IN BERLIN

In früher Zeit versammelte sich die Berliner Kaufmannschaft auf dem Berliner Rathaus zu der sogenannten Morgensprache, später **Börse** genannt. Der Große Kurfürst räumte ihr ein Versammlungslokal am Mühlendamm ein, und Friedrich Wilhelm I. ließ im Jahr 1739 ein Börsenreglement bekannt machen und gab das Erdgeschoss des kgl. Lusthauses, die sogenannte Grotte, im Lustgarten zu den Börsenversammlungen her. Während des Siebenjährigen Krieges bildeten sich regelmäßige Lageversammlungen, unter deren wachsender Schar von Mitgliedern sich immer mehr Stimmen für den Bau eines neuen Börsenhauses aussprachen, welches im Jahr 1800 durch eine Kabinettsordre genehmigt wurde.

Dieses Börsenhaus enthält neben den Versammlungssälen Beamtenwohnungen, die Registraturen, die Geschäftslokale und ein bedeutendes Lesekabinett. Jedoch, da es für unzureichend befunden wird, versammeln sich die Börsenmänner vorübergehend in der Oranienburger Straße 18, in der Therbusch'schen Ressource. Der Bau einer neuen Börse an der Burgstraße ist in Angriff genommen worden, der täglich 180 Arbeiter ins Werk setzt und dessen Fertigstellung für das Jahr 1862 erwartet wird, womit eines der großartigsten Gebäude Berlins erstehen wird.

In der Börse. Holzstich nach einer Zeichnung von Ewald Thiel

Verkaufshalle für Tuche und Stoffe der Firma Rudolph Hertzog

Als mit der Einführung der Gewerbefreiheit eine Reform der kaufmännischen Verfassung notwendig wurde, bildete sich die **Korporation der Kaufmannschaft**, welche alle Handeltreibenden und diejenigen, welche sich durch den Umfang ihres Geschäfts dazu eignen, in sich vereinigt. Die Verwaltung dieser Korporation führt den Namen »Die Ältesten der Kaufmannschaft«. Unter dem Vorsitz dieser gewählten Ältesten versammelt sich die Korporation wöchentlich einmal, mittwochs 11 Uhr, wo alle Streitigkeiten zwischen Kaufleuten, Schiffern und Fuhrleuten geschlichtet werden. Es besteht auch eine kaufmännische Armenkasse zur Unterstützung verarmter inkorporierter Kaufleute oder deren Witwen.

Berlin ist weder durch seine geographische Lage noch durch die politische Stellung des Staats zu einem Handelsplatz gemacht. Dennoch ist es durch die Förderung der heimischen Produktionskraft und durch die zunehmende Verbindung nach anderen Ländern zu einem der Hauptstadt der preußischen Monarchie angemessenen Fortschritt der Handelstätigkeit gekommen. Der Warenhandel Berlins teilt sich in den Groß- und Kleinhandel. Unter den Großhändlern haben viele einen Handel nach allen Weltgegenden.

Der **Speditions- und Transithandel** wird durch die Lage an der Spree und durch die Verbindung mit Havel, Elbe und Oder begünstigt. Für das Florieren des Handels bedeutend ist der **Wechselhandel**, der sich auf alle Handelsstädte der Welt erstreckt.

Zur Aufnahme und Niederlage der ankommenden und abgehenden Waren dient der **Neue Packhof**, von Schinkel gebaut, der sich längs der hinteren Seite des Neuen Museums am Kupfergraben erstreckt. Von hier werden die Waren nach ge-

Wochenmarkt am Spittelmarkt. Gemälde von Eduard Gaertner

schehener Visitation vom Eigentümer abgeholt oder daselbst gelagert. Im unteren Geschoss und in den Seitengebäuden befinden sich das Hauptstempelmagazin, die Provinzialsteuer- und Realisationskasse, das Wechselstempelamt, das Hauptsteueramt und die Salzfaktorei. Der dazugehörige Speicher ist durchweg massiv und bildet ein Viereck von vier Stockwerken.

Märkte

Die **Wochenmärkte** Berlins wiederum zeichnen sich durch nichts Besonderes aus, sind aber außerordentlich stark besucht und mit allen Bedürfnissen reichlich versehen. Außerordentlich stark besucht sind die **Gemüsemärkte** am Gendarmenmarkt, Dönhoffplatz und Molkenmarkt (Mittwoch und Sonnabend), am Neuen Markt (Dienstag und Freitag) sowie am Alexanderplatz (Montag und Donnerstag). **Fischmärkte** sind außerdem noch am Spittelmarkt und an der Fischerbrücke.

Auf dem Weihnachtsmarkt. Holzstich nach einer Zeichnung von E. Löffler

Für den geborenen Berliner hat der **Weihnachtsmarkt** in der Breiten Straße und am Schlossplatz einen ganz besonderen Reiz, und es knüpfen sich daran die herrlichsten Erinnerungen an das Fest des heiligen Christ und an die Freuden der Kindheit. Der Weihnachtsmarkt übertrifft die Bescherungen in fast allen anderen deutschen Städten. Alle Berliner empfinden eine große Vorfreude, sobald am 11. Dezember jeden Jahres die glänzend aufgeputzten Buden erstehen und zu gleicher Zeit die Breite Straße, den Schlossplatz und die Stechbahn mit Tannenbäumen und Pyramiden bedeckt werden.

Kaufläden

Unsere wohlgenährten Altvorderen kannten nicht den Glanz des Gaslichts, nicht den Schimmer der Spiegelscheiben und der Bronze, nicht die Farbenpracht und nicht den Zauber des Luxus von heute. Allerdings ging die Umgestaltung nur allmählich voran, und der Luxus musste sich sein Gebiet Schritt für Schritt erobern. Er nahm seinen Weg von Westen nach Osten, durch das Brandenburger Tor einziehend, durchschritt er die Linden und die Friedrichstadt und entzog der Kleinbürgerlichkeit allmählich ihren Boden.

Am zahlreichsten sind die **Materialläden**, wo fast alle Erzeugnisse Europas und der Kolonien, der Industrie und Natur zu finden sind: Mehl und Gips, Zucker und Rhabarber, Stiefelwichse und Zündhölzer, Insektenpulver und Alizarin-Tinte, Apfelwein und Bieressig.

Diesen Läden sind an Zahl und Bedeutung die **Tabak- und Zigarrenläden** gleich, die ihre echte Havanna aus Vierraden und Ohlau beziehen. Die **Posamentierläden**, die mit den simplen Bedürfnissen der Näherinnen und Hausmütter kokettieren, zeigen in ihren niedrigen Schaufenstern nur einzelne Glacéhandschuhe.

In gleicher Einfachheit erscheinen die **Bäckerläden**, deren wohlbeleibte Inhaber einen seltsamen Gegensatz zu dem unbedeutenden Volumen ihrer Ware bilden. Die **Fleischerläden** zeigen in der Regel keinen anderen Glanz als den Fettglanz ihrer Waren und den Metallglanz der Beile und Hackemesser. Neben ihnen finden sich die Eisenwarenläden, die Läden der Buchbinder, in welchen man Kalender und Mietkontrakte kaufen kann, die billigen Kleiderläden, die ihre Ware mit dem Schreckensruf »Mord« oder »Feuer« auf ihren Plakaten anpreisen. Die Lücken zwischen den kleinen Handschuhläden, in denen noch »gebrannt, gekniffen und getollt« wird, füllen die zahllosen **Kellergeschäfte** für billige Kalauer Stiefel, die Keller der Kammmacher und Klempner, die Geschirrkeller, wo man nebenbei Obst verkauft und Glas und Porzellan kittet, die Gemüsekeller, die sogenannten Milchbüros, in denen man dicke Milch in Glasflaschen erhält.

An Zahl und Frequenz die Tabaks- und Materialläden überbietend, sind es die **Viktualienkeller** oder »Butiken«, die in Fleisch-, Back- und Destillationswaren machen, zugleich die Kaffeehäuser und Restaurationen der untersten Klasse. Dies sind die Verkaufslokale, die sich auf das ordinäre Bedürfnis gründen.

Hatten London, Paris und Wien schon geraume Zeit prächtige und elegante Läden und Kaufhäuser, so sind solche seit den 1840er-Jahren auch in Berlin entstanden. Betrachten wir jetzt jene Läden, in denen Polisander, Goldleisten, Tapeten, Kronleuchter und Spiegelscheiben verschwendet, wo die Waren, von hübschen Händen geordnet, das Auge bezaubern! Das Schaufenster der Händler mit Italienerwaren etwa, in denen prächtige Porzellanbüchsen und Kristallflaschen voll Maraschino di Zara und Chidamer Genever prangen. Beim Zigarrenimporteur sehen wir die verführerische Regalia neben dem flockigen Birds-eye, den narkotischen Jukof neben lieblichen Zigarillen, den abgelagerten Varinas neben der feinsten Marke von Rio Hondo.

Und sehen Sie dort, meine Damen, die strahlenden Fenster, in welchen Long-Shawls ausgestellt sind, für die Sie Ihr Lächeln verkaufen, und venezianische Spitzen, die Sie um Ihre Liebe eintauschen! Sehen Sie hier, Dandys aus der Provinz, die prächtigen Piquéwesten!

Die luxuriösen **Manufakturwarenhandlungen** Berlins sind für die verschiedensten Bedürfnisse ausgerüstet, unter denen der erste Rang jener von **Hertzog**, Breite Straße 15, zukommt. Hier werden glänzende Hüte, zierliche Ancreuhren, riesige

Die Werder'schen sind da – Bauernmarkt an der Schlossbrücke

Spiegel in Goldrahmen und kunstvolle Bronzewaren, wertvolle Ölgemälde, prachtvolle Tafelservice ebenso wie Blumenbouquets in schöneren Farben als die Gaben der Flora angeboten. Welche Fülle von Pracht, Annehmlichkeit und Schönheit für den bevorzugten Sterblichen, der mit Sinn für die Genüsse des Lebens und mit reichlicher Rente gesegnet ist!

Unter all den Läden für **Damengarderobe** und Damenputz ragen hervor: Heese, an der Jungfernbrücke; Schierike & Bürenstein, am Schlossplatz, Sy, Jägerstraße 40, Wiezer, Jägerstraße 32, und Immerwahr, Ecke der Friedrich- und Kronenstraße.

Den Vorrang unter allen diesen Garderobeläden für Damen verdient jener von Gerson, am Werder'schen Markt 5. **Gerson's Bazar** ist das geschmackvollste, großartigste und bedeutendste Bekleidungsgeschäft in Deutschland. Es residiert in einem stattlichen dreistöckigen Haus mit hohen Bogenfenstern, die alle mit Luxusartikeln drapiert sind. Das Warenlager nimmt zwei Haupträume ein: das Erdgeschoss und das erste Stockwerk. Im Erdgeschoss erhebt sich der Mittelraum frei bis zum Glasdache, durch welches das ganze Lokal sein Licht erhält und der Blick freigegeben wird auf die von schlanken Pfeilern getragene erste Etage, aus der man wiederum den unteren Raum übersehen kann.

In beiden Stockwerken sind die einzelnen Abteilungen durch schlanke Pfeiler, welche römische Bogen tragen, getrennt. Welch ein bewegtes, schillerndes Leben in diesen Räumen voll Seidenglanz, zwischen diesen mit strahlenden Teppichen behangenen Wänden, auf den mit weichen Decken belegten Treppen, unter diesem Heer von rechnenden und schreibenden Kontoristen, von verkaufenden Kommis und Ladenjungfern, von begehrlichen, verschwenderisch freigebigen Käufern!

Die eigentlichen Luxusartikel enthält der mit Glas bedeckte Hinterraum, in dessen Mitte man die feinen weißen Waren, Kantenmantillen und Stickereien, die Spitzentücher, die Neuigkeiten der Saison, die zarten, durchsichtigen Sachen, mit denen sich die Bräute schmücken und welcher unsere Salondamen zum Lichteffekt bedürfen, entdecken kann. In den Seitenräumen rechter Hand befinden sich die kostbarsten Konfektions- und Ballanzüge und Jakonas, die Phantasiestücke, welche die Börsen zerrütten, die zarten Gewebe, darin sich mancher Galan zu Tode gezappelt hat. Linker Hand liegen zwei Abteilungen, von denen eine Herrenartikel enthält, vom kostbaren Schlafrock bis zu den baumwollenen Socken, die andere aber die goldenen Träume unserer Frauen, die herrlichen Shawls vom bescheidenen chinesischen Crêpe bis hinauf zu jenen kostbaren, viereckigen Stücken, die Bagdad und Indien uns senden. Nicht weniger reich ist die erste Etage ausgestattet, die von hier über eine Treppe erreicht wird. Dort finden wir alles für die Bedürfnisse unserer Töchter, von den Layettes für die Neugeborenen bis zu den Trousseaus, womit wir sie bei ihrer Vermählung ausstatten. Utrechter Sammet und die weichen Möbelplüsche, die nur für reiche Leute geschaffen sind, Mull- und Tüllgardinen zum Verschleiern süßer Geheimnisse, Tischdecken aus Seide, nur würdig, silberne und kristallene Gedecke zu tragen.

Unter den **Herrengarderobe-Magazinen** sind die bedeutendsten: Heimann & Comp., Linden 28; Scholz, Linden 29; Wulckow & Comp., Linden 15. Das großartigste und reichste Lokal dieser Art aber ist das neue Magazin von Louis **Landsberger**, Ecke der Oberwall- und Jägerstraße. Die Anlage des Lokals ist nach dem Entwurfe des Baurats Hitzig ausgeführt. Von außen gewährt eine große Reihe dicht nebeneinander liegender Schaufenster einen imposanten Eindruck. Den Vorbau bildet ein elegant dekorierter Salon mit zierlicher Bekleidung aus Eichenholz und prächtigen Wandspiegeln, vom Hoftischler Wichmann eingerichtet. Von hier erweitern sich die Räumlichkeiten durch das ganze Erdgeschoss des Hauses, Vorräte von allen denkbaren Artikeln für Herrengarderobe enthaltend. Am Abend ist der prächtige Bazar durch Kristallkronleuchter erhellt, welche eine Lichtmasse aus 316 Gasflammen über die glänzenden Räume verbreiten. Die Bel Étage des Hauses nimmt ein großes Lager für Damenmäntel ein.

GEWERBE UND INDUSTRIE

Wie Paris, Wien und London sich zum Muster der bürgerlichen Tätigkeit entwickelt haben, so gab sich auch Berlin dem Betrieb der Gewerbe hin und führte dieselben zu größter Bedeutsamkeit. Die Wirksamkeit des technischen Gewerbeinstituts unter Beuths Direktion, der segensreiche Einfluss der damit verbundenen technischen Gewerbedeputation, ferner die Erfolge des im Jahr 1820 gestifteten Gewerbevereins brachten Handwerk und Industrie in eine rasche und stetige Entwicklung.

Von den verschiedenen Zweigen menschlicher Fertigkeiten werden in bedeutenden Werkstätten betrieben:

Die Werkstatt für Ton- und andere Erdarbeiten von **Feilner**, Feilnerstraße 3, ist wegen ihrer ausgezeichneten Leistungen durch ganz Europa bekannt. Aus derselben gehen Töpferwaren aller Art, Öfen, Ofenverzierungen, Kücheneinrichtungen, endlich große Tonplatten zu Basreliefs hervor. Für die Baukunst werden hier Gesimse und andere Ornamente verfertigt. Nicht wenig hat die Feilner'sche Werkstatt zur äußeren Verzierung der Werder'schen Kirche beigetragen. Mit den Feilner'schen Arbeiten wetteifern die aus der Fabrik von **Dankberg**, Wilhelmstraße 141, hervorgegangenen Öfen und Kamine, die durch wertvolle Bildhauerwerke verziert sind.

Die Fabriken für sogenanntes **Gesundheitsgeschirr**, dessen Absatz wegen der großen Wohlfeilheit bedeutend ist, sind namentlich die im Jahr 1797 von Kaumann angelegte und unter der Leitung des Freiherrn von Eckardstein vervollkommnete Steingutfabrik, Landsberger Straße 85. Letztere zeichnet sich durch vorzüglich geschmackvolle Produkte aus, welche den Antiken treu nachgebildet sind. Ferner die von Hengstmann, Bauakademie 8, und von Schumann, Breite Straße 4 und Friedrichstraße 191.

Konnte der Kunstsinn sich früher nicht an wirklichen Kunstwerken erfreuen, so bietet jetzt der Zinkguss ein Mittel, die Plastik populär zu machen und plastische Kunstwerke auch für den mäßig Bemittelten zu vervielfältigen. Die bedeutendsten Berliner **Kunstzinngießereien** sind die der akademischen Künstler Devaranne, Zimmerstraße 91, Geiß, Behrenstraße 32, und Lippold, Linienstraße 154a. Hier trifft man auf den Höfen und in den Gärten auf zahlreich aufgestellte Gusswerke, welche Zeugnis von dem Zuspruch geben, dessen sich diese Kunstindustrie von Privatleuten und selbst vom königlichen Hause zu erfreuen hat.

Erwähnenswert sind auch die Leistungen der neueren **Galvanoplastik**. Die bedeutendsten Magazine sind Regdorff, Jägerstraße 30, und Henninger & Comp., Friedrichstraße 66. Die Arbeiten in **Steinpappe** werden vorzüglich gefertigt bei Gropius, Stallstraße 7, Methlow & Comp., Neue Schönhauser Straße 14, und Taraschwig, Schlossplatz 11. Ein Atelier für Zimmerdekorationen in Malerei und Steinpappe von Triebler, Zimmerstraße 21, hat sich den Ruf großer Solidität erworben.

Eine merkwürdige Fertigkeit hat sich in den Erzeugnissen von Eisenarbeiten in der neueren Zeit kundgetan. Besonders muss den in vielen Handlungen zum Verkauf angebotenen **Eisengusswaren** Aufmerksamkeit zukommen, wegen ihrer gefälligen und zarten Form. Dergleichen zierliche Arbeiten liefert die **königliche Eisengießerei**, Invalidenstraße 44–46. Dieses Institut wurde durch den Minister von Reden im Jahr 1804 aus der dort an der Panke gelegenen Schleifmühle geschaffen und in der neueren Zeit durch weitläufige Gebäude bedeutend erweitert. Diese Anstalt legte den Grundstein für den Wohlstand der Berliner Fabriken und Manufakturen, und sie ist es, die noch heute alle Vorarbeiten zu mechanischen Werkzeugen und Triebwerken liefert. Es gehen jährlich aus ihren Werkstätten mehr als 12.000 Zentner an Gusswaren hervor, und zwar der mannigfachsten Art: Gefäße, Maschinerien, geschmackvolle Kreuze zu Grabhügeln, die verschiedensten Kunstarbeiten, Gebäudeverzierungen, Brückengeländer, Statuen und Denkmäler. Zu den Letzteren gehört das große Nationaldenkmal auf dem Kreuzberge.

Verschiedene Privatfabriken, alle der **Eisenindustrie** gewidmet, finden sich in der Chausseestraße, bei Egels, Chausseestraße 3; Ohm & Comp., Nr. 5; Sigl, Nr. 29; Wöhlert, Nr. 96. Sodass die Gegend vor dem Oranienburger und Hamburger Tor von dem Berliner das »Feuerland« genannt wird. Hier ist der eigentliche Schauplatz des rastlosen Fabrikbetriebs, ja, durch dieses rege Leben ist ein ganz neuer Stadtteil mit hohen Gebäuden und regem Menschenverkehr entstanden.

Als der Begründer dieser großartigen Privatindustrie ist **A. Borsig**, Chausseestraße 1, zu betrachten, der, nachdem er in Breslau eine Lehre als Zimmermann absolviert hatte, nach Berlin kam, wo er das Königliche Gewerbeinstitut besuchte. Im Jahr 1836 legte er seine erste, kleine Fabrik vor dem Oranienburger Tor an und schaffte sich eine erste Dampfmaschine an. Durch sein Geschick dehnte sich die Werkstatt bald mehr

Königliche Eisengießerei in der Invalidenstraße

und mehr aus, und ungeheure Massen von Rohstoffen und Brennmaterial wurden auf den Fabrikhof gefahren, und allerlei Eisenbahnlokomotiven, eiserne Brücken, Dächer, Kirchenkuppeln verließen ihn wieder.

Hatte die Borsig'sche Fabrik bis zum Jahr 1848 die stattliche Zahl von 200 Lokomotiven gebaut, so verließ vor Kurzem die tausendste Lokomotive das Werk, in dem gegenwärtig über 1000 Arbeiter beschäftigt sind.

Aus allen Ecken schallt der Takt der Maschinen und das Getöse der Werkzeuge, denn hier sind alle Gewerke in Tätigkeit, hier wird flüssiges Eisen in Sandformen gegossen, dort hämmern Kupferschmiede und Schlosser, an jener Stelle wird Kupfer mit Zink zusammengeschmolzen, an einer anderen wird Zementstahl in kleine Stücke geschnitten. Mächtig hallt der Lärm der ungeheuren Hämmer, mit denen die eisernen Nägel geschmiedet werden.

Borsigs Fabrik und Villa in Moabit. Gemälde von Joseph Maximilian Kolb

Borsigs einziger Sohn erbte nach dem Tode des Vaters die Fabrik und führt dieselbe gegenwärtig fort. Ein Funke des industriellen Geistes ist vom Feuerland aus über das Berliner Stadtgebiet nach dem nordwestlichen Moabit geflogen. Zehn Jahre nach der Gründung der Berliner Anstalt wurde dort ein Eisenwalzwerk ins Leben gerufen, welches sich neben den schönen Borsig'schen Gartenanlagen befindet. Hierzu gehören auch die an der Moabiter Brücke gelegene Maschinenbauanstalt und die Eisengießerei, welche früher Eigentum der kgl. Seehandlung war.

AUSFLÜGE IN DIE UMGEBUNG VON BERLIN

Obgleich die Natur über Berlins Umgebungen nur spärliche Gaben verteilt hat, so hat die Hand der Kunst ihr Möglichstes getan, um sogar die Sandsteppen, welche die Hauptstadt umgaben, gefälliger umzugestalten. Der Berliner findet daher schon nahe den Toren eine erträgliche Erholung. Für all jene aber, die ihren Blick in die Ferne richten wollen, bietet sich die Nutzung von Torwagen und Omnibus an. Wer eine Fuhrmannsequipage für einen halben Tag benutzen will, zahlt, nach den meisten Orten, einen halben bis 3 Taler.

Durch das Oranienburger Tor nach Nordwesten, wird nach 12 Meilen das romantisch gelegene Dorf **Tegel** erreicht. Das Schloss gehört den Nachkommen des Staatsministers Wilhelm von Humboldt und enthält mehrere Altertümer und Gemälde. In dem dazugehörigen reizenden Park bemerkt man das Denkmal der hier ruhenden Gattin des Ministers. Auch die sterblichen Überreste von Alexander von Humboldt sind hier bestattet. Die Anlagen des Parks gewähren eine reizende Aussicht bis Spandau. Obgleich der Ort nur durch ein Privatfuhrwerk zu erreichen ist, wird er doch wegen seiner Schönheit fleißig besucht.

In Norden bietet sich das freundliche Kirchdorf **Pankow** mit seinen vielen Landhäusern und Sommerwohnungen zum

Alexander von Humboldt im Park seines Tegeler Schlosses. Kolorierter Stahlstich von J. Poppel nach L. Rohbock

Besuch an. In neuerer Zeit ist auch daselbst die Pestalozzistiftung begründet. Der Neubau der Kirche, von dem Oberbaurat Stüler entworfen, ist vollendet. Die Kirche ist mit zwei hohen Türmen, die Tür mit altgotischen Verzierungen und die Fenster mit Glasmalereien geschmückt. Die Einweihung fand am 15. Juli 1859 statt. Die von den Berlinern am zahlreichsten besuchten Gastwirtschaften in Pankow sind die von Kuhfeld und Borchardt. Pankow steht durch eine schöne Allee in Verbindung mit dem Dörfchen **Nieder-Schönhausen**, einem bei den Berlinern beliebten Sommeraufenthalt. Hier befindet sich ein unter König Friedrich I. von Eosander von Göthe erbautes Lustschloss, Sommersitz der Fürstin von Liegnitz, mit einem sehr schönen Park.

Durch das Landsberger Tor nach Nordosten lohnt sich ein Ausflug nach **Freienwalde**, wohin man besser ein Privatfuhrwerk nimmt, um auch die reizenden Parkanlagen des Ritterguts Köthen besuchen zu können. Die Umgebung von Freienwalde ist in den letzten Jahren zu einem Park umgeschaffen worden, und selbst auf die steilsten Berge führen Kieswege und Stufen. Mit nicht zu großem Aufwand lässt sich von hier die **Märkische Schweiz** erreichen, indem man ein Fuhrwerk nach Buckow nimmt, einem höchst romantisch gelegenen Flecken, dessen waldige und wasserreiche Umgebung mit einem Führer durchwandert werden kann. Von Buckow führt der Weg über Müncheberg nach Berlin zurück.

Nach Osten liegt das Dorf **Stralau** mit vielen Landhäusern und Gastwirtschaften. Hier feiern die Berliner am 24. August den Stralauer Fischzug. Gegenüber liegt der Ort **Treptow** mit einigen hübschen Landsitzen und einem am Wasser gelegenen Kaffeehaus, wo häufig Wasserfeuerwerke veranstaltet werden. Hinter Treptow liegen die beiden Wirtshäuser, der Neue Krug und das Eierhäuschen, welche beide zu Wasser erreicht werden können.

Zu den weiter gelegenen Gegenden, zu deren Besuch ein halber Tag nicht gut ausreicht, gehören die Müggelberge bei **Köpenick**. An letzterem Orte befindet sich ein kgl. Schloss, welches früher als Demagogengefängnis, heute als Schullehrerseminar benutzt wird. Köpenick wird auch mit der Frankfurter Eisenbahn erreicht, der Preis für Hin- und Rückfahrt: 15 Sgr.

Nach Süden empfiehlt sich der Besuch von **Schöneberg**, eine halbe Meile von Berlin, an der Potsdamer Chaussee. Hier ist eine Gärtnerlehranstalt und in der Nähe der Botanische Garten. Nicht weit davon liegt **Tempelhof**. Dies Dorf war früher Eigentum der Tempelherren und kam darauf an die

Blick von Treptow auf Stralau. Gemälde von August von Rentzell

Johanniter. Es enthält eine schöne Lindenallee und mehrere herrschaftliche Gärten. Sehr besucht ist das Wirtshaus von Kreideweiß. Die Kirche ist malerisch gelegen.

Durch das Brandenburger Tor wird **Charlottenburg** erreicht, eine Meile von Berlin, eine an der Spree gelegene Stadt, welche von der Hauptstadt durch den Tiergarten getrennt ist. Sophie Charlotte, Gattin von König Friedrich I., ließ im Jahr 1696 ein Sommerschloss von dem berühmten Schlüter ausführen, bei dem sich bald ein kleiner Ort entwickelte. Schloss und Ort erhielten den Namen der Gründerin. Das Schloss und die dazu gehörenden Gebäude, namentlich das Schauspielhaus und die langen Orangeriesäle, erregen die höchste Teilnahme der Fremden. Das Innere des Schlosses ist prächtig und geschmackvoll möbliert und besteht im Ganzen aus mehr als 100 Sälen, Zimmern und Kabinetts, die reich mit Gemälden und Büsten ausgeschmückt sind.

Schloss Charlottenburg. Kolorierter Stahlstich von Johann Poppel nach C. Würbs

Der Schlossgarten war früher in altfranzösischem Geschmack gehalten, bietet aber jetzt mannigfaltige Partien und liebliche Ansichten von den Brücken. Das im Garten gelegene Mausoleum ist die Ruhestätte des Königs Friedrich Wilhelm III. und seiner Gemahlin Luise, ein von Trauerweiden umgebener, tempelartiger Bau, von Schinkel aus schlesischem Granit aufgeführt.

Von hier führt die Chaussee weiter nach **Spandau**, einer rings vom Wasser umgebenen Festung, mit stattlichen militärischen Gebäuden versehen. Unter den Letzteren sind die ausgezeichnetsten: die militärische Eisengießerei, die aus Potsdam hierher verlegte Gewehrfabrik, die Geschützgießerei am Bahnhof und viele Depots.

Potsdam, die zweite königliche Residenz, mit 40.600 Einwohnern, 3 ½ Meilen von Berlin, bildet den anziehendsten Punkt in der Nähe. Man fährt mittelst der täglich achtmaligen

Bibliothek im Schloss Charlottenburg. Gemälde von Carl Friedrich Wilhelm Klose

Eisenbahnverbindung für 21, 16 und 10 ½ Sgr. dorthin. Von den Gasthöfen sind die empfehlenswertesten der Einsiedler und das Deutsche Haus. Zu den sehenswürdigsten Gebäuden gehören das kgl. Schloss, in den Jahren 1662 bis 1701 aufgeführt, das am Lustgarten liegt. Die mit einem Glockenspiele versehene Garnisonkirche enthält die Grabstätten Friedrichs des Großen und Friedrich Wilhelms I. Die Nikolaikirche wurde 1830 bis 1837 von Schinkel und Persius erbaut. In einem Gebäude auf dem alten Markt, welches nach dem Muster des Palastes Barberini erbaut wurde, halten mehrere Kunst- und Gesangvereine ihre Zusammenkünfte. Die französische Kirche ist nach dem Muster des Pantheon erbaut. Sehenswert sind ferner das von Schinkel erbaute Offizierskasino, der Paradeplatz, der Wilhelmsplatz mit dem Standbilde Friedrich Wilhelms III. und der Bassinplatz mit dem berühmten Tabakshäuschen Friedrich Wilhelms I.

Der neue Pavillon im Schlosspark zu Charlottenburg. Gouache von Wilhelm Barth

Größere Bedeutung als die Stadt selbst haben die **Umgebungen von Potsdam**. Will man diesen nur einen halben Tag widmen, so wählt man am besten folgenden Weg: Sanssouci, Charlottenhof, das Neue Palais, dann zurück nach dem Ruinenberg zu dem Neuen Garten, Glienicke und Babelsberg. Von hier kann man mit dem Abendzug nach Berlin zurückfahren.

Sanssouci heißt der großartige und schöne Ruhesitz, welchen Friedrich der Große nach dem ersten schlesischen Kriege schuf und wo er in Friedenszeiten mit den größten Geistern seines Jahrhunderts verkehrte. Der Garten wurde in altfranzösischem Geschmack angelegt, aber unter Friedrich Wilhelm III. und Friedrich Wilhelm IV. verschönert. Von Potsdam herkommend, passiert man das Bassin von 130 Fuß Durchmesser, in welchem die Fontäne ihren Strahl 117 Fuß hochwirft, und wendet sich dann zu den schönen Terrassen, welche mit Orangerien besetzt sind und zum Schloss hinaufführen.

Schloss Sanssouci, Ansicht von Süden mit Großer Fontäne und Weinbergterrassen. Stahlstich, koloriert, von A. Feca nach Ludwig Rohbock

Das Schloss selbst ist ein einstöckiges, aus drei Teilen bestehendes Gebäude: dem eigentlichen Schloss, der Bildergalerie und dem Kavaliershause. Sein Inneres ist sehenswert, aber nur in Abwesenheit des Hofes zugänglich. Besonders bemerkenswert sind der Marmorsaal, das Audienzzimmer, das Konzertzimmer und das Schlafzimmer Friedrichs des Großen, mit den Büsten Mark Aurels und Julius Cäsars, das Bibliothekszimmer und die Kleine Galerie. Vor dem Kavaliershaus liegt der Englische Garten und dahinter die historisch merkwürdige Windmühle.

Von hier aus erreicht man auf einer Fahrstraße das **Neue Palais**, das an einem weiten Halbkreise aus Orangerien und Kugelakazien liegt, an dessen Eingang die Statuen des Apoll von Belvedere und der Diana von Versailles stehen. Das Palais wurde nach dem Hubertusburger Frieden von Friedrich II.

Marmorsaal im Schloss Sanssouci. Gemälde von Johann Heinrich Hintze

erbaut. Es ist ein prächtiges Schloss mit vier Flügeln, die 680 Fuß lange Hauptfront dem Garten zugekehrt. Auf der Kuppel des Frontons erblickt man drei Grazien, welche die Königskrone halten, am Hauptgesims breitet der preußische Adler seine Flügel aus.

Die 72 kostbar ausgestatteten Zimmer und mehrere kolossale Säle enthalten wertvolle Gemälde, ferner die Bibliothek Friedrichs des Großen. Das Schloss enthält auch ein kleines Theater. Hinter dem Neuen Palais liegen die sogenannten **Communs**, welche in der letzten Zeit zur Kasernierung von Truppen benutzt werden.

Geht man von hier weiter an dem Freundschaftstempel und an der rechts gelegenen Fasanerie vorüber, so gelangt man nach **Charlottenhof**, eine an der Havel gelegene Villa, von Schinkel erbaut, welche der jetzt regierende König als

Blick vom Dach der Arkadenhalle der Römischen Bäder zum Schloss Charlottenhof. Aquarell von August Wilhelm Schirmer

Kronprinz bewohnte. Diese Besitzung ist von frischen Wiesengründen umgeben und mit einer geschmackvollen Kolonnade und lieblichen Anlagen geschmückt. Die Wasserkünste werden durch eine Dampfmaschine in Bewegung gesetzt. Zu der Gruppe von sinnig angeordneten Gebäuden gehören das Gärtnerhaus, mit freundlichen Weinlauben, sowie die in antikem Geschmack erbauten römischen Bäder.

Hat man auf diese Weise besichtigend den Vormittag verbracht, so kann am Nachmittag zunächst die vor dem Nauener Tore gelegene, von Friedrich Wilhelm III. gestiftete russische Kolonie **Alexandrowka** besucht werden. Dieselbe besteht aus 13 in russischer Art erbauten Häusern und einer Kapelle, nach dem Plane des Gartendirektors Lenné errichtet. Die Bewohner der Kolonie sind ehemalige russische Soldaten, die dem ersten Garderegiment als Sänger einverleibt wurden.

In der Nähe liegt der **Pfingstberg** mit einer sehenswerten neu erbauten Burg und Fontänenanlagen und einem von Friedrich Wilhelm IV. angelegten Belvedere mit zwei 84 Fuß hohen Türmen. Von deren Plattformen, wohin gusseiserne Wendeltreppen führen, genießt man eine entzückende Aussicht über ganz Potsdam, nach Spandau, ja nach Berlin.

Mit dieser Partie lässt sich der Besuch des **Neuen Gartens** verbinden, der in neuester Zeit mit vielem Fleiß zu einem Englischen Garten umgestaltet wurde und in welchem das Marmorpalais am Heiligen See liegt, von Friedrich Wilhelm II. erbaut. Das Palais ist ein Quadrat von 70 Fuß Seitenlänge, besteht aus einem Souterrain, zwei Geschossen und einem platten, mit einer Galerie und einem Belvedere versehenen Dache. Die Säulen und Verzierungen sind von weißem und blauem schlesischem Marmor, das Dach ist mit Kupfer gedeckt. Nach dem Besuch des Palais kann man sich in der nahe gelegenen Meierei erfrischen.

Steht dem Reisendem mehr Zeit zur Verfügung, so kann er noch die Pfaueninsel, Glienicke und Babelsberg besuchen, was sowohl in einem Wagen wie in einer Gondel geschehen kann. Der Landweg zur **Pfaueninsel** führt aus Potsdam zum Berliner Tor hinaus, über die Glienicker Brücke und an der Havel entlang bis zum Fährhaus. Die Insel ist reizend mit Parkanlagen geschmückt, welche von mehr als 300 alten Eichen beschattet werden. Erst unter Friedrich Wilhelm III. erhielt die Insel ihre jetzige Gestalt. Bemerkenswert sind das königliche Landhaus mit seinen zwei Türmen, das Palmenhaus, das Kavaliershaus, welches aus den Steinen eines alten Hauses in Danzig errichtet ist, und die als gotische Ruine nachgebildete Meierei. Am jenseitigen Ufer erhebt sich auf einer Höhe die

Palmenhaus auf der Pfaueninsel. Gemälde von Carl Blechen

Blockhaus Nikolskoe. Lithographie von Ludwig Eduard Lütke

schöne Peter-und-Paul-Kirche, von Friedrich Wilhelm III. erbaut. In der Nähe findet man Speisen und Getränke in dem russischen Haus Nikolskoe.

Von hier aus kann man nach **Glienicke** zurückfahren, um den reizenden Park, welcher zu dem Landsitz des Prinzen Karl gehört, zu durchwandern. Das Schloss steht auf einer Stelle, welche noch im Anfang des vorigen Jahrhunderts eine wertlose Sandscholle war, die Friedrich Wilhelm I. einem Fabrikanten zu einer Maulbeerplantage überlassen hatte. Erst die folgenden Eigentümer versahen sie mit Gebäuden und Gartenanlagen. Als das Gut im Jahr 1824 in den Besitz des Prinzen Karl von Preußen kam, ließ dieser von Lenné den Garten in englischem Stil schaffen, und das Schloss erhielt im Jahr 1826 seine jetzige Form. Das Schlossgebäude selbst ist geschmackvoll gebaut und im Hofe mit einer nach Benvenuto Cellini gearbeiteten Schale geschmückt, aus welcher eine Wasserkunst rinnt. Der Reiz der

Anlage wird noch dadurch erhöht, dass das Schloss von einem malerisch schönen Blumengarten umgeben ist.

Folgt man von hier einem rechts ablenkenden Pfad, gelangt man zum **Babelsberg**, dessen Höhe mit dem Sommerpalast des Prinzregenten geschmückt ist. Schloss Babelsberg wurde im Jahr 1835 nach Schinkels Plänen in englisch-gotischem Stil von Persius aufgeführt, 1848 aber vergrößert und mit malerischen Erkern und Türmen versehen. Der an der Havel liegende großzügige Park wurde von dem Fürsten von Pückler-Muskau geschaffen. Die innere Einrichtung des Schlosses ist modern, höchst geschmackvoll und elegant. Von der Höhe des Berges hat man einen herrlichen Blick über den Spiegel der Havel bis nach Potsdam.

Nach Potsdam zurückgekehrt, kann von hier aus noch einen Besuch des Brauhausberges unternommen werden. Derselbe erhebt sich auf der Südseite der Stadt am linken Havelufer und gehört, mit reizenden Waldpartien versehen, zu den angenehmsten Punkten der Residenzstadt. Von dem dortigen Belvedere, 1804 in Form einer alten Burgruine aufgeführt, bietet sich eine vorzügliche schöne Aussicht, weshalb Alexander von Humboldt den Hügel »Potsdamer Chimborasso« taufte.

MASSEINHEITEN

Kaufkraft des preußischen Talers

Für Friedrich II. schuf Johann Philipp Graumann den in ganz Preußen gültigen und einheitlichen Silbertaler, der ein Feingewicht von 16,704 g Silber enthalten musste.

Nach dem preußischen Münzgesetz von 1821 entsprachen dem Wert eines Silbertalers 30 Silbergroschen (Sgr.) oder 360 Pfennige (aus Kupfer mit einem Gewicht von 1,4 Gramm). Obwohl bereits 1871 die Mark im neuen Deutschen Reich eingeführt wurde, blieb der Graumannsche Reichstaler formal bis 1907 preußische Währungsmünze.

Die Kaufkraft des Talers kann an folgendem Beispiel der Zeit um 1850 erkannt werden. Zu dieser Zeit betrug der Wochenlohn eines Ehepaares zusammen etwa 19 Taler, wovon die Frau als Zigarrenmacherin 3 Taler 15 Sgr., der Mann als Zimmermann etwa 15 Taler 15 Sgr. nach Hause brachte.

Zur gleichen Zeit betrugen die Lebenshaltungskosten eines solchen Arbeiter- oder Handwerker-Haushalts für Miete monatlich etwa 6 Taler 10 Sgr., für Essen 7 Taler 20 Sgr., für Kleider 1 Taler 22 Sgr., für den Unterhalt der Kinder 1 Taler 8 Sgr. Unter der Voraussetzung, dass beide Ehepartner das ganze Jahr ihre Anstellung behielten, verblieben ihnen pro Monat 2 Taler für anderweitige Ausgaben. Wenn durch Krankheit oder schlechte Witterung ein Einkommensausfall eintrat, mussten sie mit weniger Geld auskommen oder die Kinder mitarbeiten lassen.

Werden Waren mit ihren Preisen der Zeit um 1850 mit den Preisen der gleichen Waren heute verglichen, so entspricht die Kaufkraft eines preußischen Talers, je nach Ware, in etwa der Kaufkraft von 60 bis 100 Euro, jene eines Silbergroschens der Kaufkraft von etwa 2 bis 3,30 Euro. Wenn damals ein Eimer guten bayrischen Biers (68,7 Liter) 43 Silbergroschen kostete, so kostete der Liter Bier etwa 0,63 Sgr., in Euro etwa 2 bis 3,34 Euro. In Kaufkraft gemessen ist der heutige Bierpreis in etwa auf dem Niveau von 1850.

Rute und Fuß als Maßeinheit

Die preußische Rute enthielt 12 Fuß, letztere 0,314 Meter lang. Das Flächenmaß Quadratfuß mit gleichen Seitenlängen von einem Fuß entsprach etwa 0,09 Quadratmeter. Die Maßeinheit Fuß wurde im Jahr 1875 durch die internationale Meterkonvention abgelöst, die als Maßeinheit den Meter einführte.

Pfund als Gewichtseinheit

Das preußische Pfund wog 468 Gramm, welches wiederum in 32 Loth (je 14,6 Gramm) unterteilt war. Diese Gewichtseinheit wurde ebenfalls im Jahr 1875 durch die internationale Meterkonvention abgelöst, die als einheitliche Gewichtseinheit das Kilogramm einführte.

Eimer als Volumeneinheit

Die preußische Volumeneinheit Eimer beinhaltete 68,7 Liter. Der Eimer war unterteilt in 2 Anker (34,35 Liter) oder 60 Quart (je 1,14 Liter). Jede Quart wiederum enthielt 2 Ösel mit je 0,57 Liter, in der Gastwirtschaft auch als Seidel bezeichnet.

ABBILDUNGSNACHWEIS

akg-images: 2, 6, 11, 13, 14/15, 18, 19, 21, 22/23 (historic-maps), 27, 28, 32, 34, 36/37, 39, 42, 47 (World History Archive), 52, 65, 69, 75, 79, 81, 83, 85, 92, 96, 98, 101, 104, 106 (Liszt Collection), 108, 114, 125, 126, 127, 129, 130, 131 (De Agostini/ Biblioteca Ambrosiana), 132 (Heritage Images/Heritage Art), 136, 137, 139, 141 (Bildarchiv Steffens), 145, 148, 151, 155 (Heritage Images/Fine Art Images), 158, 159, 162, 165, 167, 171, 173, 176, 180, 182, 183, 184, 186, 190, 192, 194, 196, 197, 199, 203, 207, 209, 210, 213 (North Wind Picture Archives), 222, 224, 225, 226, 227, 228, 229, 230, 232, 233

Archiv des Verlages: 35, 88, 135, 149

gemeinfrei: 30, 49, 56, 74, 76, 118, 120, 122, 143, 220

picture alliance: 219 (ullstein bild)

Die Abbildung auf Seite 2 zeigt den Blick aus dem Stadtschloss (Gemälde von Johann Heinrich Hintze)

ÜBER DEN AUTOR

Joachim Brunold arbeitete nach dem Studium der Geschichte im Verlagswesen. Zuletzt war er Geschäftsführer und Inhaber eines international tätigen Beratungsunternehmens für Buch- und Zeitschriftenverlage. Er erforscht die Geschichte Berlins im 19. Jahrhundert und präsentiert seine Ergebnisse in zahlreichen Vorträgen, die interessierte Leserinnen und Leser auf seiner Homepage finden: www.ort-zeit-berlin.de.

Bibliografische Information der Deutschen Nationalbibliothek:
Die Deutsche Nationalbibliothek verzeichnet diese Publikation in der Deutschen Nationalbibliografie; detaillierte bibliografische Daten sind im Internet über http://dnb.d-nb.de abrufbar.

Asternplatz 3, 12203 Berlin
post@bebraverlag.de
Lektorat: Tanja Krajzewicz / Marijke Leege-Topp, Berlin
Satz: typegerecht berlin
Umschlag: Goscha Nowak, Berlin
Schriften: Adriane, DIN
Druck und Bindung: Finidr, Český Těšín
ISBN 978-3-8148-0279-4

www.bebraverlag.de